DE
PUERTO
RICO
A LA
CASA
BLANCA

UNA AUTOBIOGRAFÍA DE
POSIBILIDADES Y PERSEVERANCIA

JACOB LOZADA, PHD

Producido por Inksnatcher.com.

Impreso en los Estados Unidos de América.

Registro LCCN disponible en: https://lccn.loc.gov/ Library of Congress Cataloging-in-Publication Data

Nombres: Lozada, Jacob, autor
Título: De Puerto Rico a la Casa Blanca: Una autobiografía de posibilidades y perseverancia / Jacob Lozada

Temas: | BIOGRAFÍA Y AUTOBIOGRAFÍA / Hispanos y Latinos.
BIOGRAFÍA Y AUTOBIOGRAFÍA / Militar. BIOGRAFÍA Y
AUTOBIOGRAFÍA / Cultural y Regional

Descripción: Primera edición. | Boricua Legacy Books, 2025. | Resumen: "Desde una vivienda pública en Puerto Rico hasta los pasillos de la Casa Blanca, la autobiografía de Jacob Lozada es un poderoso testimonio de la fe, la perseverancia y el impacto transformador del servicio". — Proporcionado por la editora.

Identificadores: LCCN 2025921794 | 979-8-9992376-3-7 (tapa blanda) |
979-8-9992376-5-1 (tapa dura) | 979-8-9992376-4-4 (libro electrónico)

Para obtener información sobre descuentos especiales por compras al por mayor, póngase en contacto con el autor en: jacoblozada052@gmail.com.

A mis padres, Juan Lozada y Clotilde Pereira,
quienes me inculcaron los valores del esfuerzo,
la perseverancia y la responsabilidad.

ÍNDICE

LISTA DE IMÁGENES

PRÓLOGO

Cuando yo formaba parte de la junta directiva de la Asociación Americana de Jubilados (AARP, por sus siglas en inglés), un grupo de empleados jóvenes me invitó a hablar sobre la mentoría. Durante el turno de preguntas, un joven hispano me preguntó: "Dr. Lozada, ¿cree usted en el sueño americano?". Me señalé a mí mismo y respondí: "Sí, ¡mírame!".

No pasa un solo día sin que piense en mis humildes comienzos en una vivienda pública en Puerto Rico, en mis carreras profesionales en el Ejército de los Estados Unidos y en el sector privado, en mis nombramientos por dos presidentes, y en mi servicio en el sector sin ánimo de lucro.

Ahora tengo ochenta años, y los recuerdos de los caminos que he recorrido y de las personas que he conocido todavía están vivos. También siguen vivos los numerosos retos y dificultades a los que me enfrenté para dominar un idioma (el inglés) diferente al mío (el español), asimilarme a una cultura diferente y trabajar más duro que los demás para tener éxito.

Por suerte, vivo en una nación donde un joven puertorriqueño, con esfuerzo, determinación e iniciativa, puede superar los desafíos y las decepciones, alcanzar el éxito y cumplir sus aspiraciones. En este sentido, estoy muy agradecido.

Tener unos padres cariñosos pero estrictos marcó una gran diferencia en mi vida. Me inculcaron el deseo de ser el mejor, de convertirme en un modelo positivo y de ayudar a los demás. Dar lo mejor de mí y no rendirme nunca fueron las lecciones más importantes que me enseñó mi mamá. A menudo, me decía: "Te estoy criando para que seas fuerte e independiente. No culpes a los demás. No adoptes nunca una mentalidad de víctima".

Estos rasgos me definen en mi camino por la vida.

INTRODUCCIÓN

Invictus

It matters not how strait the gate,
How charged with punishments the scroll,
I am the master of my fate,
I am the captain of my soul.

William Ernest Henley

No importa cuán estrecho haya sido el camino,
ni cuántos castigos lleve sobre mi espalda.
Soy el amo de mi destino,
soy el capitán de mi alma.

(Traducción propia)

El 18 de marzo de 2018, recibí una carta del presidente de la Sociedad de Honor de Ellis Island (Ellis Island Honors Society) en la que me informaba que él y la junta directiva me habían seleccionado para recibir la Medalla de Honor Ellis Island 2018. Las medallas se entregarían a 100 estadounidenses distinguidos durante una ceremonia en Ellis Island.

Fui nominado para este prestigioso premio por el Dr. Victor S. Wahby, director de la Orquesta Sinfónica y Coro del Grupo Médico Musical (Medical Musical Group Chorale and Symphony Orchestra). Me quedé sin palabras cuando me informaron de mi nominación y rápidamente me puse en contacto con el Dr. Wahby para expresarle mi agradecimiento.

El anuario de la Medalla de Honor Ellis Island 2018 describe el galardón como "un símbolo de la diversidad de nuestra nación. Es gracias a esta diversidad que los Estados Unidos siguen siendo un faro de esperanza para tantos y la mayor democracia que el mundo haya conocido jamás".[1]

Muchas personalidades destacadas han recibido la Medalla de Honor Ellis Island, entre ellas el ex-Alcalde de Nueva York Rudolph Giuliani, el Dr. Deepak Chopra, el Presidente Donald J. Trump, Muhammad Ali, el comediante Bob Hope, el ex-Presidente Ronald Reagan y la cantante cubanoamericana Gloria Estefan.

En 2018, el exjugador de fútbol americano Franco Harris, la actriz y bailarina puertorriqueña Rita Moreno, el Almirante Michael S. Rogers y Su Alteza Serenísima el Príncipe Alberto II de Mónaco recibieron el premio. Como uno de los galardonados, fue un honor para mí estar en tan buena compañía.

El viernes 11 de mayo, me uní a los condecorados en una recepción en el Hotel Wagner, en Battery Park, Nueva York. Pequeñas mesas de cóctel cubiertas con manteles blancos y arreglos florales llenaban la sala. Las flores rojas, blancas y amarillas resaltaban sobre los manteles.

La recepción fue seguida por una cena privada en una sala contigua. La velada concluyó con varias canciones y unos bailes a cargo de algunos miembros de una compañía teatral de Broadway. Su música rítmica y sus animados bailes crearon un ambiente alegre y vivaz.

Me sentí abrumado por las actividades de la velada, las cuales superaron con creces mis expectativas más optimistas. Estar en compañía de tantos dignatarios influyentes fue igualmente impresionante. ¡Me sentí como en la gloria!

A la noche siguiente, los galardonados y sus invitados fuimos transportados en un transbordador (*ferry*) a Ellis Island. Cuando llegamos, una guardia de honor militar se colocó a ambos lados de una larga alfombra roja que nos condujo a la Sala de Registro, por donde habían pasado millones de inmigrantes en su camino hacia los Estados Unidos. Se exhibían baúles y maletas, Biblias y libros de oraciones, documentos familiares, y ropa hecha a mano. Las exhibiciones me hicieron pausar. Sentí un peso enorme en el pecho al pensar en las muchas dificultades que debían de haber soportado estos inmigrantes al cruzar los océanos hacia los Estados Unidos. Me sentí impresionado por los sacrificios que debieron haber hecho durante su travesía, sin saber qué les depararía el futuro ni los retos a los que se enfrentarían en una tierra extraña y lejana. Mientras pensaba en su viaje, no pude evitar reflexionar sobre mi vida y los retos a los que yo también me había enfrentado al mudarme de Puerto Rico al territorio continental de los Estados Unidos para comenzar mi carrera militar.

Tras una breve recepción, entramos en un gran salón de banquetes donde había mesas cubiertas con manteles dorados y arreglos florales. Me asignaron la mesa 72, no muy lejos del escenario.

Tras varios discursos breves, el maestro de ceremonias presentó a un coro de soldados de la 82.ª División Aerotransportada de Fort Bragg, Carolina del Norte. Como oficial militar jubilado, su presencia y participación fueron un regalo especial. Poco después, el maestro de ceremonias comenzó a presentar a los galardonados.

Mientras esperaba a que dijeran mi nombre, recordé mi infancia en Puerto Rico y los sacrificios que hicieron mis padres para asegurarme una buena educación. Pensé en las palabras de estímulo de mi mamá cuando se dio cuenta de mi nerviosismo antes de pronunciar mi discurso de graduación de la escuela superior (escuela secundaria). Recordé cómo tuve que redoblar mis esfuerzos para mejorar mi inglés cuando era un joven oficial del Ejército. Me sentí mentalmente sobrecogido por estar allí, rodeado de tantas celebridades, recordando a mi mamá, sus enseñanzas y su amor incondicional.

Volví mi atención al escenario, oí mi nombre y vi mi foto en una gran pantalla sobre el escenario. Inmediatamente, los ojos de aquellos que estaban sentados en las mesas adyacentes se voltearon hacia mí.

¡Los sentimientos de orgullo y satisfacción personal eran muy fuertes! Mientras el maestro de ceremonias leía mi biografía, caminé hacia el escenario, donde dos jóvenes colocaron una pesada medalla, grabada con la Estatua de la Libertad, alrededor de mi cuello. Me giré hacia el público, y las luces del escenario me cegaron mientras esperaba a que me tomaran unas fotos. Después de agradecer el estruendoso aplauso, volví a mi asiento.

Al regreso, después de la ceremonia, el *ferry* se detuvo frente a la Estatua de la Libertad, y estallaron múltiples fuegos artificiales. Luces brillantes y detonaciones llenaron el cielo. Ver a la Estatua de la Libertad rodeada de fuegos artificiales me hizo sentir orgulloso de vivir en nuestra nación y agradecido por las oportunidades que Puerto Rico y los Estados Unidos continentales me habían dado. No pude evitar sentirme inundado por una felicidad y un orgullo inmensos.

Este libro no fue escrito para presumir de mis logros. Es un ejemplo de lo que una persona humilde puede lograr con determinación, disciplina y grandes esfuerzos. Espero que compartir mi trayectoria a través de la vida motive a nuestra juventud —especialmente a la de Puerto Rico— a soñar en grande, esforzarse y aplicar las lecciones que he aprendido para alcanzar sus sueños y aspiraciones. Si al compartir la historia de mi vida puedo ayudar a una sola persona, mi misión se habrá cumplido.

Jacob Lozada, PhD
Austin, Texas

CAPÍTULO 1

"¡ALGUIEN DE LA CASA BLANCA TE LLAMA!"

EL CIELO ESTABA CUBIERTO DE NUBES GRISES, Y LA TEMPERATURA estaba por debajo de los 40 °F (4 °C) cuando llegué al edificio de Electronic Data Systems (EDS) en Herndon, Virginia, el lunes 15 de enero de 2001. Por aquel entonces, trabajaba como consultor de gestión identificando oportunidades de consultoría, redactando propuestas y gestionando proyectos. Me gustaba mucho mi trabajo porque me permitía ayudar a los clientes a mejorar sus organizaciones.

Yo había seguido de cerca las elecciones presidenciales recientes, en las que George W. Bush fue elegido presidente tras una reñida contienda electoral que finalmente se decidió en la Corte Suprema de los Estados Unidos. El retraso en la decisión de las elecciones afectó a la transición del nuevo Gobierno. El tiempo para identificar, entrevistar y seleccionar personas cualificadas para tomar las riendas del Gobierno federal se había reducido de aproximadamente cuatro meses a dos. El ex-Secretario de Defensa Richard B. Cheney dirigía el equipo de transición del presidente.

Mientras el equipo de transición trabajaba, un comité planificaba una serie de galas inaugurales que se celebrarían en diversos lugares de Washington D. C. Las galas transformarían la ciudad al reunir a miles de trabajadores de la campaña política, simpatizantes, líderes del sector privado, funcionarios gubernamentales y turistas.

1

Gala presidencial

Nunca había asistido a una gala inaugural, pero había oído que eran impresionantes y que merecía la pena vivir la experiencia al menos una vez. Ansioso por participar en una, compré entradas para la Gala Hispana de Investidura Presidencial, que se celebraría el viernes 19 de enero en el Hotel Omni Shoreham. Andar en metro en una fría y lluviosa noche de invierno era impensable. En su lugar, contraté un taxi para que me llevara al hotel.

Contar con transporte privado para ir a la gala resultó ser una excelente idea, ya que el tráfico era casi insoportable al entrar a Washington D. C. El trayecto habitual de treinta minutos en auto desde mi casa hasta la ciudad se había convertido en una larga hora y media, con conductores zigzagueando y compitiendo agresivamente por unos pocos carriles disponibles. A medida que avanzábamos, me sentía cada vez más molesto por el tráfico y me preguntaba si había sido una buena idea asistir a la gala.

Al entrar en el vestíbulo del hotel, identifiqué a varios líderes hispanos de todos los sectores de la sociedad. Recuerdo haber visto al ex-Gobernador de Puerto Rico Luis A. Ferré, al Secretario designado de Vivienda Mel Martínez, y al músico y productor Emilio Estefan. Todos vestían traje de gala. Yo iba vestido de etiqueta, con mis condecoraciones militares.

Mientras estaba en la mesa de registro, un caballero hispano se fijó en mis medallas y me dijo: "Señor, gracias por su servicio militar. ¿Qué cargo va a ocupar usted en el equipo del Presidente Bush?". Sorprendido por la pregunta, le expliqué que yo no estaba siendo considerado para ningún puesto en la nueva Administración y que asistía a la gala porque me habían dicho que la experiencia merecía la pena.

El hotel era un caos de actividad. Los empleados del establecimiento saludaban a los invitados cuando entraban, y se formaban largas filas de personas frente a las mesas para registrarse. El personal del hotel andaba de un lado a otro, respondiendo preguntas y dirigiendo a los asistentes a los diferentes salones. ¡Era un auténtico pandemónium!

El ruido era ensordecedor. Unos grupos musicales tocaban mariachi, salsa puertorriqueña y cubana, y samba brasileña. Las paredes temblaban y vibraban con el ritmo de la música. La gente se abría paso, a empujones, hacia los numerosos bares y las mesas de aperitivos. Había tanto ruido que yo tenía que gritarle a la persona que estaba a mi lado.

Mientras intercambiaba experiencias militares con un antiguo amigo del Ejército, una banda tocó "Hail to the Chief" ("Salve al jefe") anunciando la llegada del presidente. Volví mi atención hacia el escenario, y vi al Presidente Bush y a la primera dama saludando y sonriendo a menos de 30 pies de donde yo estaba. Me sentí fascinado por estar cerca del presidente. Era un acontecimiento para el que no estaba mentalmente preparado.

El presidente saludó al público, entre aplausos atronadores, antes de bailar con la primera dama. Después del breve baile, sonrieron, saludaron de nuevo y se retiraron para visitar otras galas inaugurales. Yo nunca había visto a un presidente en persona. Estar a pocos pasos del líder del mundo libre me hizo sentir especial y único. ¡Todo fue muy emocionante!

Imagen 1. El autor con el Gobernador Luis A. Ferré, en la Gala Hispana de Investidura Presidencial del 2001.

La gala incluyó discursos de líderes hispanos, así como excelentes actuaciones de varios artistas. Una de las actuaciones principales estuvo a cargo de una pareja argentina que bailó varios tangos. El público quedó impresionado por la hermosa música y los complicados pasos de los bailarines. Sus movimientos sigilosos, como los de un felino, sus intrincados pasos y su baile apasionado dejaron a todos hipnotizados. Bailaban muy bien, como en las funciones profesionales que había visto en Buenos Aires años atrás.

A medida que avanzaba la noche, me percaté de que la gala era una gran oportunidad para establecer contactos. Había traído tarjetas de presentación, así que las repartí entre las personas que conocí. Sin duda, merecía la pena asistir al menos una vez a una gala de investidura presidencial.

Salir del hotel fue todo un reto. Había tantos vehículos esperando para recoger pasajeros que mi taxista no podía acercarse. Lo llamé y le pedí que me esperara en donde él estaba ubicado, a dos largas cuadras de distancia. Mientras una lluvia fría caía sobre la ciudad, corrí hacia el taxi. Jadeando y sudando copiosamente, entré en el cálido vehículo.

Malas noticias

Unos días más tarde, el ambiente en EDS cambió cuando nos enteramos de que el Grupo de Servicios de Consultoría Gubernamental (GCS, por sus siglas en inglés), donde yo trabajaba, iba a ser eliminado. La inesperada noticia nos sorprendió y enfadó, ya que nuestro equipo estaba haciendo un gran trabajo apoyando a los clientes del Gobierno.

Tras el anuncio, algunos de nuestros consultores comenzaron a buscar oportunidades de trabajo en empresas del sector privado. Otros se trasladaron a otras áreas dentro de la compañía. Yo no quería cambiar de empresa, así que comencé a explorar otras oportunidades de trabajo dentro de EDS.

Con el paso de los días, el número de empleados del GCS comenzó a reducirse. Lo que había sido un equipo muy unido era ahora un grupo de personas que intentaba decidir su futuro individualmente. Al recibir muy poca información, nos sentíamos abandonados y traicionados por los altos ejecutivos de la empresa.

En este entorno de incertidumbre e intranquilidad, fui contratado por el Grupo de Educación a Distancia (*E-learning*) de EDS. Este grupo desarrollaba programas de formación en línea para varios clientes, entre ellos la empresa Ford. También codirigí un proyecto de entrenamiento en Argentina que yo había vendido. Como codirector del proyecto, ayudé a desarrollar el programa seleccionando la mayoría de los temas que se impartirían. También participé como conferencista sobre varios temas de gestión y liderazgo.

El trabajo con el grupo de *E-learning* era diferente. Antes yo trabajaba directamente con los clientes, ahora tenía que hacerlo a distancia. Aunque la división de *E-learning* tenía su sede en Detroit, yo estaba en Herndon. El trabajo era interesante, pero echaba de menos trabajar con mis antiguos compañeros del GCS. Por primera vez en mi carrera profesional, me sentía solo y desconectado de mis compañeros.

Mientras seguía adaptándome a mi nueva normalidad, consideré la posibilidad de solicitar un puesto de liderazgo en la Administración del Presidente Bush. Trabajar como miembro del equipo del presidente sería la culminación de mis veintisiete años de carrera en el Ejército, seguidos de diez años en el sector privado. Podría aprovechar la experiencia que había adquirido, y representar a Puerto Rico y a la comunidad hispana, en los más altos niveles del Gobierno federal. Siempre me había atraído el servicio público, y un nombramiento presidencial sería otra oportunidad de servir y devolverle algo a la nación.

Las probabilidades de conseguir un puesto de liderazgo en la Administración del presidente no estaban a mi favor. Yo nunca había participado en la política partidista. Además, no me movía en los círculos políticos ni había hecho campaña en apoyo de ningún candidato político local o nacional. Estas circunstancias no me desanimaron. Seguí adelante, sabiendo que la nueva Administración buscaba incorporar a personas altamente cualificadas. También sentía que mi experiencia profesional y mis logros mejoraban mis posibilidades de ser seleccionado.

Le conté mi plan a dos personas: al Dr. Victor S. Wahby, director de la Orquesta Sinfónica y Coro del Grupo Médico Musical, y al Dr. René Rodríguez, presidente del Colegio Interamericano de Médicos y Cirujanos. Ambos se mostraron entusiasmados con mi candidatura. Después de consultar con mi familia y analizar los pros y los contras, publiqué mi currículum en la página web del equipo de transición del presidente y esperé.

El frío clima de enero no disminuyó el ritmo en EDS. Mientras me preparaba para asistir a una reunión del personal de GCS, escuché los pasos de alguien que se acercaba a mi cubículo. Aún concentrado en mi trabajo, una voz dijo: "Jake, alguien te llama en mi teléfono".

Me di la vuelta y vi a una de nuestras asistentes ejecutivas mirándome fijamente. Le pedí que anotara el nombre y el número de teléfono de la persona que llamaba para poder devolverle la llamada más tarde, pero ella insistió: "Tienes que coger esta llamada ahora mismo. *¡Alguien de la Casa Blanca te llama!*".

Corrí por el pasillo, sin saber qué pensar. ¿Quién de la Casa Blanca me estaría llamando? Entré en la oficina de la asistente ejecutiva y agarré el teléfono.

—¿Hola?

—¿Es usted el Dr. Jacob Lozada?

—¡Sí, señor!

—Dr. Lozada, le llamo de la Oficina de Personal Presidencial. Queremos hablar con usted. Nos gustaría entrevistarlo esta tarde a las 2 p. m. Preséntese en la puerta noreste de la Casa Blanca, frente a la avenida Pennsylvania, dé su nombre y número de licencia de conducir al guardia de seguridad y dígale que tiene una cita en la Oficina de Personal Presidencial. Una vez que le hayan autorizado la entrada, diríjase hacia la derecha y entre en el ala oeste de la Casa Blanca.

La llamada me dejó sin palabras.

El corazón me latía con fuerza. Apenas dije nada, prefiriendo tomar notas detalladas de las instrucciones que me dio la persona que llamó. Por miedo a que mis emociones me traicionaran, no le hice ninguna pregunta. Eran aproximadamente las 11 de la mañana cuando terminó la llamada. Tenía tanta prisa que me comí un sándwich rápidamente y me fui a mi casa a cambiarme antes de ir a la estación de metro.

La estación estaba a diez minutos de mi casa. Después de ponerme mi mejor traje, una camisa blanca bien planchada y una corbata conservadora (tenía las manos temblorosas mientras le hacía el nudo), conduje hasta la estación de metro Viena.

Tras pasar unos minutos en el andén de la estación, vi las luces brillantes de un tren que se acercaba. Cuando este se detuvo y los pasajeros salieron, entré en el primer vagón. Miré el mapa del metro que había en la pared y rápidamente averigüé que la estación más cercana a la Casa Blanca era McPherson Square.

Mi cuerpo se dejó caer en el asiento como una mochila de cuarenta libras, agradecido por el descanso que me brindaba estar sentado, mientras yo intentaba prever lo que iba a suceder durante mi visita a la Casa Blanca y mi entrevista en la Oficina de Personal Presidencial.

Poco después, una voz pregrabada anunció: "Retírense de las puertas del tren, se van a cerrar". Las puertas se cerraron con un golpe seco, y el tren avanzó lentamente. Al salir de la estación y ganar velocidad, el conductor anunció con una voz grave y resonante: "Bienvenidos al metro. Esta es la línea naranja hacia New Carrollton".

Mientras me dirigía a la Casa Blanca, yo estaba emocionado, aunque también algo nervioso. No sabía qué esperar, pero me sentía seguro porque ya había pasado por varias entrevistas en el sector privado. Durante el viaje, repasé las lecciones que había aprendido sobre las entrevistas: ser positivo, escuchar con atención, estar consciente del lenguaje corporal y el tono de voz, y ser breve y conciso.

Quería llegar temprano para familiarizarme con el entorno y sentirme más cómodo.

CAPÍTULO 2

MIS COMIENZOS EN PUERTO RICO

NACÍ EN EL AÑO 1944, EN SAN LORENZO, PUERTO RICO, EN LA región centro-oriental de la isla. Cuando era niño, San Lorenzo era un pueblo agrícola. Rodeado de colinas de color verde oscuro y de pastos ondulados, allí se cultivaba tabaco, caña de azúcar y otros productos agrícolas. En las décadas siguientes, muchos residentes de otros municipios se mudaron al pueblo, atraídos por su clima templado y su proximidad a San Juan (la capital de Puerto Rico).

EL ENCUENTRO ENTRE MIS PADRES

Aunque mi papá nació en Humacao y mi mamá en una plantación de café en Guayama, se conocieron por casualidad en San Lorenzo cuando ella tenía dieciocho años y él, veintiocho.

Según mi mamá, se conocieron cuando ella estaba recogiendo agua de una pluma (grifo) de agua pública en El Bosque, uno de nuestros barrios más pobres. En aquella época, era habitual recoger agua de las plumas públicas, ya que muchas viviendas en los barrios pobres no tenían agua corriente. Por desgracia, la mayoría tampoco disponía de alcantarillado.

Al verla, mi papá quedó inmediatamente impresionado por la belleza de mi mamá, por lo que inició una conversación, un gesto que a ella no le gustó.

"Le dije que debería avergonzarse, un hombre mayor coqueteando con una chica joven como yo... —me contaba mi mamá, visiblemente molesta—. Le dije que conocía a su madre y que se lo iba a decir".

Mi papá era viudo, y su madre era la pastora (misionera en aquel entonces) de la Iglesia de Dios Pentecostal local. Era muy respetada en nuestro pueblo y una de las pocas mujeres líderes de la Iglesia pentecostal en Puerto Rico.

La reprimenda de mi mamá no intimidó en lo más mínimo a mi papá, ¡estaba enamorado!

La vida de mi mamá fue extremadamente difícil, estuvo marcada por la escasez y las penurias. Nunca conoció a su padre, y su madre murió de tuberculosis —una enfermedad muy común en Puerto Rico en la década de 1930— cuando ella era niña. Su única hermana también murió de esta temible enfermedad a una edad muy temprana. Fue un milagro que mi mamá no se contagiara de su madre ni de su hermana y corriera la misma suerte.

De niña, mi mamá nunca durmió en una cama normal. Su madre le había construido un colchón relleno de hojas secas de plátano y lo había colocado en el suelo. ¡Ahí dormían mi mamá y su hermana pequeña! Cuando se movían en el colchón o se daban la vuelta dormidas, las hojas secas sonaban como maracas.

Tras la muerte de su madre y su hermana, mi mamá, sin ningún lugar adonde ir, acabó mudándose de casa en casa, viviendo con varios familiares y haciendo trabajos domésticos. Ella era una mujer muy fuerte y estoica; las únicas veces que la vi llorar fueron cuando me contaba esta parte de su difícil infancia.

Mi mamá era una mujer valiente, excepto cuando se trataba de gusanos, ¡los detestaba con pasión! A menudo, yo le preguntaba por qué odiaba tanto los gusanos, hasta que me contó el motivo.

De niña, tenía que trabajar en las plantaciones de tabaco recogiendo gusanos vivos de las hojas con los dedos. Por esta desagradable tarea, le pagaban una centavería por cada envase lleno de gusanos. Tener que ver y tocar cientos de gusanos verdes retorciéndose le resultaba extremadamente desagradable y aterrador. ¡La experiencia la marcó para toda la vida!

Cuando mi mamá conoció a mi papá, ella vivía con su tío Catalino y su esposa. Tío Catalino, como le llamábamos, había regresado a Puerto Rico después de trabajar muchos años en el extranjero. Se mudó a San Lorenzo y se instaló en una antigua casona al otro lado del Río Grande de Loíza, a varios kilómetros del pueblo. Durante ese tiempo, no había puente para cruzar el río, por lo que la gente tenía que vadear la parte menos profunda para llegar a la casa de Tío Catalino.

Tío Catalino siempre vestía bien, y hablaba en voz baja y monótona. Cuando nos visitaba, se sentaba, hablaba unos minutos, se tomaba una taza de café y se marchaba. Era un hombre severo, y su rostro mostraba muy pocas emociones. En todas las visitas que hizo a nuestra casa a lo largo de los años, nunca lo vi sonreír ni una sola vez.

Para ganar algún dinero extra, la esposa de Tío Catalino vendía café caliente, con leche y azúcar, a los trabajadores de las plantaciones de caña de azúcar cercanas a su casa. Mi mamá, una joven de dieciséis años, se encargaba de llevar una lata metálica con café caliente y tazas para repartirlo a los trabajadores durante sus breves descansos.

Muchos años después, mi mamá me contó lo incómoda que se sentía, siendo una joven señorita, caminando sola entre hileras de plantas altas de caña de azúcar, bajo la mirada de tantos hombres adultos. Sin embargo, nunca se quejó de tener que hacer esa tarea, ni tampoco de sus otras labores domésticas. Tío Catalino y su esposa le habían dado un hogar y la trataban mucho mejor que otros miembros de su familia con quienes había vivido desde que se quedó huérfana. Y, como ella solía decirme: "Hijo…, yo nací para trabajar y servir a los demás".

Unos días después de que mi papá conociera a mi mamá, él decidió ir a ver a Tío Catalino y a su esposa para pedirles permiso para visitarla. Para causar una buena impresión, se puso su mejor ropa y compró un racimo de guineos (bananas) maduros, junto con un queso blanco local llamado "queso de la tierra", para llevárselos de regalo. En la orilla del río, se quitó los zapatos y los calcetines, y cruzó el agua. Esperó a que se le secaran los pies antes de llevar los guineos y el queso a la casa de Tío Catalino.

Tío Catalino lo recibió con una mirada fría. Le estrechó la mano a mi papá con un apretón que transmitía confianza y fuerza. Tras unos segundos que parecieron una eternidad, Tío Catalino invitó a mi papá a pasar. Llamaron a mi mamá, que estaba en una habitación contigua, y la hicieron sentarse entre su tío y su tía.

"Señor Lozada —dijo Tío Catalino—, nosotros sabemos por qué usted ha venido a visitarnos hoy. Sin embargo, antes de decir nada, quiero que me acompañe afuera".

Mi papá se levantó y lo siguió rápidamente. Al salir por la puerta, Tío Catalino agarró un machete afilado que siempre mantenía junto a la puerta. Mi papá caminaba en silencio, demasiado asustado como para pronunciar una sola palabra. Solo el viento, que se arremolinaba alrededor de las plantas de caña de azúcar, interrumpía el crujido de sus pasos. Caminaron casi 2 kilómetros hasta llegar a un lugar desierto en donde había un enorme tocón de árbol.

Después de que mi papá se sentó a descansar en el tocón, Tío Catalino le dijo:

> Mi esposa y yo sabemos que usted quiere visitar a mi sobrina Cuquín —el apodo de mi mamá— y verla más a menudo, ¿verdad? Déjeme decirle las reglas. Usted puede visitarla en nuestra casa los domingos de una a dos de la tarde. Durante estas visitas, mi esposa o yo estaremos en la habitación.

Luego, Tío Catalino se dio la vuelta y regresó a su casa. Mi papá se quedó estupefacto y sin saber qué decir.

El 9 de octubre de 1941, después de unos meses de visitas supervisadas, mi mamá y mi papá se casaron. Como no podían comprar ni alquilar una casa, se mudaron con mis abuelos. La casa de mis abuelos, en la calle Colón, tenía varias habitaciones pequeñas en la parte de atrás, y la iglesia estaba ubicada al frente. Por sus múltiples habitaciones, la casa era conocida como "el Vaticano". Era una vivienda vieja, con estructura de madera y techo de zinc corrugado, que protegía muy poco del abrasador sol tropical. La casa no tenía baño, solo una letrina alejada de ella para minimizar el mal olor y mantener la privacidad. En esa casa, nacimos los hermanos Juan Manuel (el mayor), Elías Abner (el menor) y yo.

Mi mamá no tuvo acceso a una atención prenatal, y mis hermanos y yo nacimos en casa con la ayuda de doña Ana, una de las parteras del pueblo. No existían pañales desechables ni comidas enlatadas para infantes. Mi mamá nos alimentaba con purés de yautía y calabaza, otras comidas que ella asiduamente preparaba y jugos de frutas naturales.

Mi mamá nos cuidaba a mis hermanos y a mí, y también se encargaba de las tareas domésticas de mis abuelos, incluyendo la preparación de comidas especiales para mi abuela diabética. Mi papá trabajaba como almuercero, repartiendo comidas a los trabajadores de los cañaverales (fincas de caña de azúcar).

¡Aquellos eran tiempos muy difíciles! Puerto Rico era una isla empobrecida que contaba con altos índices de desempleo, pobreza y desnutrición. Las enfermedades tropicales a menudo asolaban a sus habitantes. No siempre se disponía de medicina preventiva, ni clínicas u hospitales modernos. Muchas familias de ingresos bajos emigraban al continente porque no podían encontrar trabajo.

IGLESIA

Después de que mis padres se mudaran a la casa de mis abuelos, mi mamá se hizo miembro de la iglesia de mi abuela. Desde entonces, ir a la iglesia formó parte natural de mi niñez. Me ayudó a desarrollar una base de valores morales y un sentido de pertenencia a una comunidad. Yo era miembro activo del grupo de niños, recitaba las Escrituras y cantaba. Estas actividades me ayudaron a superar el miedo a hablar en público. Algunos de mis amigos más cercanos todavía creen que yo estaba predestinado a ser predicador, pero ese honor le correspondió a mi hermano menor, que siguió los pasos de mi abuela.

Imagen 2. Mi papá, Juan Lozada, con uno de sus trajes favoritos.

Caserío de Hato Grande

Cuando yo tenía dos años, mi papá solicitó un apartamento en el proyecto de viviendas públicas de nuestra ciudad. El proyecto, conocido como "Caserío de Hato Grande", fue uno de los primeros proyectos de viviendas públicas construidos por la Autoridad de la Vivienda de Puerto Rico (PRHA, por sus siglas en inglés). El caserío incluía varios edificios de hormigón armado, de una y dos plantas. Los edificios más grandes tenían ocho apartamentos de dos dormitorios cada uno.

Imagen 3. El Caserío de Hato Grande. Fuente: Housing Progress in Puerto Rico, 1938-1948 (Public Housing Administration Library).

Un par de meses después de que mi papá presentó la solicitud para un apartamento, el administrador del caserío, don Chenchito Sellés, la aprobó. Pocos días más tarde, trasladamos nuestras pocas pertenencias y los muebles que mis padres habían acumulado y nos mudamos a un apartamento en el segundo piso del edificio número 10. Era pequeño, de aproximadamente 800 pies cuadrados, ¡pero para nosotros era como una mansión! Mis hermanos y yo éramos niños pequeños, así que nos las arreglamos bastante bien.

Nuestro apartamento tenía un pequeño balcón en la parte trasera, un baño privado y una ducha. También tenía dos cuartos de dormitorio pequeños, una sala-comedor y una cocina pequeña. En la casa de mi abuela, nuestra familia solo contaba con una habitación pequeña, y teníamos que compartir la cocina y otras facilidades con otras familias. Ahora teníamos un apartamento entero, aunque pequeño, para nosotros solos. ¡Mi mamá estaba encantada! El contrato de alquiler, firmado por mi papá en 1946, estipulaba un alquiler de 3.50 dólares al mes.

El conserje del caserío, que también era el jardinero del complejo residencial, era un hombre cascarrabias que vivía cerca de nuestro apartamento. Un día, al enterarse de que él había dejado repentinamente su trabajo, mi papá decidió solicitar el puesto vacante. Unos días más tarde, el administrador del caserío le informó que había sido seleccionado.

Este nuevo trabajo fue una bendición para toda nuestra familia. Para mi papá, en particular, significaba no tener que esforzarse llevando comida a los trabajadores en los cañaverales y ser testigo de las terribles condiciones en las que trabajaban esos pobres hombres. También significaba no tener que trabajar por un salario extremadamente bajo.

Para mi mamá, mis hermanos y para mí, el nuevo trabajo de mi papá significaba tenerlo más cerca de casa durante el día. Lo más importante de este trabajo en el caserío era que iba a ser empleado del Gobierno con un salario más alto y considerables beneficios adicionales.

En su nuevo trabajo, mi papá tenía como compañero a un hombre amable y gentil llamado Vicente Castro. Don Vicente hacía todo tipo de trabajo en el caserío, incluyendo carpintería, plomería, electricidad y pintura. Mi papá, por su parte, se encargaba de la limpieza de las zonas comunes y del mantenimiento de las áreas verdes. Con el pasar de los años, don Vicente se convirtió en uno de sus mejores amigos.

Por las mañanas, mi papá recorría todo el complejo recogiendo papeles y hojas, y depositándolos en un cubo metálico. Cuando el cubo quedaba lleno, colocaba su contenido en grandes contenedores de basura situados por todo el caserío.

Su trabajo también consistía en barrer las aceras, mantener la grama bien cortada (una tarea que realizaba con un machete afilado), podar los árboles ornamentales del caserío y, con una azada, mantener las cunetas libres de matojos para que el agua pudiera correr libremente durante la temporada de lluvia.

Cuando yo tenía cuatro años, la Autoridad de la Vivienda planificó construir un anexo a nuestro caserío. El anexo incluía casas dúplex con jardines y solares individuales para la construcción de viviendas. Mi mamá instó a mi papá a solicitar una vivienda. A ella le encantaba la jardinería y mudarse a una casa con jardín propio sería un sueño hecho realidad.

Yo tenía cinco años cuando le aprobaron la solicitud a mi papá, y nos mudamos a nuestra casa nueva, la cual contaba con jardín delantero y trasero. Estaba muy emocionado por la mudanza; mis hermanos y yo ahora teníamos mucho espacio para jugar. Me alegraba mucho ver a mi mamá tan contenta con su casa nueva.

Era divertido jugar juegos diferentes en nuestro propio patio y ver a mis padres sembrar plantas ornamentales y árboles frutales. Unos meses más tarde, las fragantes flores de un arbusto de gardenias (que mi mamá había sembrado) perfumaron nuestras tardes de verano.

Nuestros vecinos del dúplex eran don Francisco Rodríguez y su esposa, doña Carmen. Tenían cinco hijos —Lilian, Migdalia, Paquito, Jesús (Chuito) y Manuel— que se convirtieron en hermanos para mí. Su casa era tan pequeña como la nuestra. En el jardín, don Francisco siempre sembraba las batatas y hortalizas que tanto le gustaban. Con el pasar de los años, don Francisco se convirtió en el compañero idóneo de pesca de mi papá. Juntos transitaban las riberas del Río Grande de Loíza, no muy lejos del pueblo, compartiendo anécdotas durante sus excursiones de pesca. Don Francisco obtuvo su teléfono antes de que nosotros pudiéramos adquirir uno y lo ponía a nuestra disposición para que hiciéramos y recibiéramos llamadas.

Varias décadas después, vi a don Francisco, por última vez, cuando el Club de Leones de San Lorenzo organizó un evento durante el Día de los Veteranos para reconocer mi servicio como subsecretario del Departamento de Asuntos de los Veteranos (VA, por sus siglas en inglés). Cuando yo estaba en el escenario recibiendo el reconocimiento, miré hacia el público y lo vi sentado en una mesa acompañado por dos de sus hijos. Se veía radiante de orgullo y alegría por haber sido nuestro vecino y parte de mi vida. ¡Ojalá mi padre hubiera estado allí para disfrutar de ese evento con su mejor amigo y vecino!

Nuestros otros vecinos, don Félix López y su esposa, doña Mercedes, tenían dos hijas, Miriam y Mercedita. Eran bautistas devotos, y su sobrino fue pastor de la Iglesia bautista durante muchos años.

Por suerte para nosotros, cuando la televisión llegó a Puerto Rico, don Félix compró uno de los primeros televisores en nuestra calle. Era de tubos catódicos con una pequeña pantalla. Recuerdo estar sentado en el suelo de cemento de la sala de don Félix viendo la imagen estática en blanco y negro de su pequeña pantalla de televisión antes de que comenzara la breve programación diaria.

El televisor de don Félix a veces no funcionaba bien. A él le gustaba trastearlo y pasaba horas, con un destornillador y unos alicates en mano, sustituyendo los tubos de rayos catódicos, arreglando los cables y ajustando la sintonización en un intento de mejorar la calidad de la imagen.

Frecuentemente, la imagen del televisor comenzaba a moverse violentamente hacia arriba y hacia abajo, y de lado a lado, en medio de uno de nuestros programas favoritos. Después de mucho trasteo por parte de don Félix y sin ver mucha mejora, nos levantábamos y volvíamos a nuestra casa abatidos y decepcionados. No fue sino hasta varios años después que mi papá pudo comprarnos un pequeño televisor.

Imagen 4. El autor y su hermano, Juan M. Lozada.

Junto con los niños del caserío, mis hermanos y yo fabricábamos nuestros juguetes con cosas que encontrábamos en los alrededores. Yo hacía camioncitos para transportar caña de azúcar con trozos de madera desechada, a los que les añadía pequeños manojos de ramitas secas para simular la caña. Para complementarlos, hacía grúas con astillas, cordeles finos y pequeños ganchos de metal para levantar los manojos de las ramitas y colocarlos en los camiones. Incluso les hacía ruedas con latas vacías de salchichas de Viena.

Jugar a las canicas (bolones) era todo un arte. Las coleccionábamos de muchos colores, inventábamos diferentes juegos y las intercambiábamos con nuestros amigos. Estos juegos requerían imaginación y destreza manual.

También nos encantaba volar chiringas (cometas). Al igual que los pequeños camiones, las hacíamos nosotros mismos con guajanas (flores huecas de la caña de azúcar), hojas finas de papel y pegamento hecho con harina de pan y agua. Los meses de febrero y marzo eran los más ventosos y los mejores para volarlas. En el aire, las chiringas luchaban contra el viento fuerte mientras la brillante luz tropical se filtraba a través de ellas.

En nuestro vecindario, teníamos que estar muy atento a los rabos de las otras chiringas. Algunos niños les ataban navajas afiladas para intentar cortar los hilos de las chiringas de los demás. Cuando se cortaba el hilo de una, se veía cómo esta volaba sin rumbo fijo. Era acarreada rápidamente por el viento hacia las fincas aledañas al caserío mientras que un grupo de niños corría, detrás de ella, tratando de agarrar el hilo de la chiringa suelta mientras gritaban a pleno pulmón: "¡Se fue ajusta!".

La mayoría de los juegos de nuestra infancia se practicaban al aire libre, con poca supervisión de los padres o ninguna. Nunca me quejaba de estar aburrido o de no tener nada que hacer, siempre me mantenía ocupado. Entretenerme y aprender a construir juguetes aumentó mi independencia y confianza desde una edad temprana. También aumentó mi curiosidad por el mundo que me rodeaba y me enseñó a afrontar retos, trabajar bien con los demás y resolver problemas de manera independiente.

En un pueblo como el nuestro, con pocos lugares de entretenimiento e instalaciones deportivas, cualquier cosa inusual era motivo para que la gente se reuniera y socializara. Cada año, durante la temporada de lluvias, nuestro río se desbordaba varias veces e inundaba los barrios más bajos del pueblo. Al grito de "¡El río está crecido!", todos corríamos a un vecindario llamado "La Marina" para ver el río crecido y, además, los troncos y los escombros de las fincas río arriba que eran arrastrados río abajo.

Durante las crecidas del río, un valiente habitante de nuestro pueblo, ampliamente conocido por todos, se zambullía en las rápidas aguas del río y, alentado por los vítores de los vecinos, nadaba hasta la otra orilla. Para la mayoría de los habitantes del pueblo, estas inundaciones eran una forma de entretenimiento. Sin embargo, para algunos desafortunados que residían en los vecindarios más pobres, eran acontecimientos muy trágicos.

Huracán Santa Clara

A mí siempre me intrigó la emoción que generaban las tormentas tropicales. Al comenzar la temporada de huracanes, nuestro pueblo se transformaba con una serie de actividades preparatorias. Era común escuchar a los adultos mayores comparar huracanes pasados y recordar cuáles habían causado más daños. Para prepararnos durante esta temporada, mi papá pegaba un mapa de la zona del Caribe en la pared y escuchaba, con mucha atención, los pronósticos del tiempo para seguir el progreso y la trayectoria de las tormentas.

En aquellos días, existía una organización llamada "Defensa Civil", cuya misión era ayudar a las personas en caso de desastres naturales o guerras. A los voluntarios se les regalaba un uniforme caqui y un casco.

Durante varios años, hubo toque de queda en San Lorenzo. A las 9 de la noche, sonaba una sirena muy fuerte, y todo el mundo, excepto los miembros de la Defensa Civil, tenía que estar dentro de su casa. ¡Quien fuera sorprendido fuera de su hogar era llevado al cuartel de la Policía! Mi papá se había hecho miembro de la Defensa Civil y, como tal, podía permanecer fuera de nuestro hogar por más tiempo, lo que le daba más oportunidad para prepararse en caso de emergencia.

En agosto de 1956, cuando yo tenía doce años, el huracán Santa Clara (Betsy) azotó a Puerto Rico. Cuando el servicio de meteorología anunció que Betsy se acercaba, todos los vecinos comenzaron a hacer sus preparativos. Frenéticamente compraban alimentos no perecederos, lámparas de kerosene (conocidas como "quinqués"), velas y madera para asegurar las ventanas y las puertas de sus viviendas. Recuerdo los sonidos, parecidos a los de un pájaro carpintero, que hacían los martillos de nuestros vecinos al preparar sus viviendas. También recuerdo a mis padres llenando todos los recipientes vacíos que encontraban con agua potable.

Poco después de la última advertencia radial emitida por un meteorólogo, el cielo se oscureció. A medida que el huracán se acercaba, las nubes oscuras se acumulaban, el horizonte se oscurecía aún más, y los vientos huracanados aullaban, arremolinándose alrededor de nuestra casa. Durante varias horas, los vientos aumentaron y rugieron mientras esperábamos nerviosos en nuestra sala, temerosos de mirar hacia afuera.

Las copiosas lluvias continuaron, cayendo con tanta fuerza que no podíamos ver por las ventanas. Los árboles se doblaban, y algunas ramas se rompían y eran acarreadas por el viento fuerte para luego desplomarse como piezas de dominó sobre las calles y carreteras. Era mi primera tormenta, y las fuerzas de la naturaleza eran nuevas experiencias para mí. Me sentía sobrecogido por los ensordecedores ruidos de los truenos y los destellos de los relámpagos.

De repente, cuando el ojo del huracán pasó cerca de la isla, los vientos amainaron, la lluvia disminuyó, y los cielos se despejaron. Me sentí aliviado al ver que se había restablecido la calma. También estaba ansioso por salir y ver qué había pasado. Sin embargo, la calma no duró mucho. Pronto, los vientos aumentaron, con ráfagas que azotaban todo a su paso. ¡El ruido era aún más fuerte que antes! Luego de aproximadamente seis horas, los vientos y la lluvia finalmente cedieron. Una calma serena nos envolvió. Mi papá abrió las ventanas y las puertas. ¡Lo que vi me dejó sin aliento!

La mayoría de nuestros árboles frutales habían sido arrancados de raíz. Abrí el refrigerador y me di cuenta de que no había electricidad; mi mamá nos informó que tampoco teníamos agua. Caminé hacia el barrio El Bosque, cerca del río, y noté con horror que muchas de las casas habían desaparecido. ¡Habían sido tragadas por las corrientes del río crecido! Cientos de árboles habían caído como palillos y bloqueaban la carretera hacia Caguas. Nuestro río inundó varias calles.

El viejo puente que daba acceso a las comunidades rurales de Florida y Cerro Gordo quedó bloqueado por árboles caídos y escombros. Algunos de mis amigos vivían en esas comunidades y no podían acceder a nuestro pueblo. Este estrecho puente (el más largo de los puentes de losa de hormigón existentes y uno de los primeros construidos en Puerto Rico) fue tendido en 1918. Fue diseñado para ser una estructura sumergible que cruzara el curso superior del Río Grande de Loíza, considerado el río más grande de Puerto Rico.[1]

Después de esta horrible experiencia, sentí un gran respeto por las tormentas tropicales.

Imagen 5. El antiguo puente de La Marina en San Lorenzo, Puerto Rico. Fuente: Registro Histórico de Ingeniería Estadounidense (Biblioteca del Congreso).

LA VIDA AL AIRE LIBRE

Cuando yo era niño, en San Lorenzo no había instalaciones deportivas bajo techo. Jugábamos al béisbol, al voleibol y al baloncesto bajo el calor del sol tropical hasta el atardecer, cuando el sol se ocultaba tras las bajas nubes grises. Utilizábamos palos de bambú como bates y, a veces, fabricábamos nuestras propias pelotas de béisbol. Un pequeño terreno baldío detrás de nuestra casa se convirtió en el campo de béisbol favorito del caserío. Marcábamos las bases con trozos de cartón sujetos con piedras.

De vez en cuando, alguien bateaba una pelota que salía volando por encima de la verja y caía en el patio trasero de un vecino, lo que obligaba a uno de nosotros a pedir permiso para recuperar la única pelota que teníamos. Para mí, recuperar las pelotas de los patios ajenos era una experiencia humillante. La mayoría de los vecinos no aprobaba que un grupo de niños lanzara pelotas de béisbol a sus jardines.

Por suerte para nosotros, nuestro caserío organizó un equipo de béisbol de pequeñas ligas para competir en un torneo regional. Recuerdo a mi buen amigo Pedro Hernández en la segunda base, y a Cheo y Tite (los hijos de don Vicente) como lanzadores. Mis amigos Cheo ("Macaco"), Pepito Ortiz y Reynaldo Reyes también jugaban en nuestro equipo. Yo, por mi parte, era el receptor. Como yo era lento corriendo, nuestro entrenador pensó que la mejor posición para mí era detrás del plato.

Nuestro entrenador, Bienvenido (también conocido como "Bienve"), era un vecino del caserío al que siempre le habían gustado los deportes. Los sábados jugábamos contra equipos de caseríos cercanos a nuestro pueblo. Entre ellos, recuerdo haber jugado contra equipos de los caseríos José Mercado y Jiménez García.

Jugamos en varios pueblos de los alrededores de San Lorenzo y ganamos varios partidos. No teníamos uniformes oficiales de béisbol, así que jugábamos con la ropa que teníamos. Algunos padres no podían permitirse el lujo de comprar un uniforme para sus hijos, así que iban a la panadería del pueblo (La Sirena), pedían sacos de harina vacíos y utilizaban la tela para confeccionar los uniformes.

A veces, los jugadores eran tan pobres que no tenían guantes propios, así que se los pedían prestados al equipo contrario mientras ellos estaban al bate. Recuerdo haber visto a algunos jugadores que no tenían guantes atrapar pelotas de béisbol lanzadas con fuerza al campo interior con las manos desnudas. No era gran cosa... ¡Yo también aprendí a atrapar pelotas lanzadas con fuerza y pelotas bateadas en línea con las manos desnudas!

La única cancha de voleibol de nuestro pueblo estaba al lado de la cancha de baloncesto, y su superficie era de tierra. Para usar la cancha, teníamos que pedir prestado un balón de voleibol viejo y raído al Sr. Dimas Ortiz, quien, durante muchos años, fue maestro de Educación Física en la escuela superior. Ninguno de nosotros tenía los recursos económicos para comprar un balón de voleibol, así que la amabilidad del Sr. Ortiz era nuestro único recurso. Yo llegué a jugar mucho mejor al voleibol que al baloncesto o al béisbol. Al cabo de unos años, aprendí las reglas del voleibol lo suficientemente bien como para convertirme en un árbitro muy solicitado. El Sr. Ortiz me pedía que arbitrara partidos y torneos de voleibol, lo que yo consideraba un gran honor. También fui árbitro de partidos de voleibol en los pueblos vecinos, pero no recibía ninguna compensación por mis servicios. Para mí era suficiente con que la comunidad me reconociera como un buen árbitro a una edad tan temprana.

Participar en deportes me enseñó lecciones muy valiosas: la importancia del trabajo en equipo, el valor del esfuerzo y los beneficios de la disciplina. También aprendí a establecer metas y a gestionar el tiempo. Jugar al aire libre me endureció y me hizo más resistente. Ser árbitro de voleibol, a los dieciséis años, aumentó mi confianza y mejoró mis habilidades de liderazgo.

Cuando era joven, había pocos lugares de ocio para la juventud de nuestro pueblo. La plaza pública, construida en el centro del pueblo y frente a la iglesia católica, era el punto de encuentro de los jóvenes. Los viernes por la noche, los chicos se sentaban en bancos de hormigón o se quedaban de pie bajo los laureles podados en forma de cúpula, mientras las chicas daban vueltas a su alrededor. Se intercambiaban miradas, sonrisas y frases cortas, y así germinaban las relaciones. De esta manera, se iniciaban amistades duraderas y noviazgos.

En la década de 1960, el Gobierno municipal instaló un televisor en la plaza pública, lo que aumentó el número de personas que la visitaban por la noche. Una o dos veces por semana, uno de mis mejores amigos (Agustín Rivera) y yo íbamos a la panadería La Sirena después de asistir a los servicios de la iglesia bautista. Comprábamos media libra de pan recién horneado con mantequilla y nos sentábamos en uno de sus bancos a comer y charlar hasta altas horas de la noche. Mientras crecía, las múltiples actividades escolares, deportivas y religiosas en las cuales yo participaba ocupaban por completo mi tiempo. Siempre he sentido que tuve una infancia privilegiada, desprovista de algunas de las complicaciones y desafíos de hoy en día.

¡QUÉ AGONÍA!

En la década de 1950, la mayoría de los ciudadanos de Puerto Rico no tenían acceso a hospitales bien equipados y gestionados. Durante mi infancia, las instalaciones médicas en San Lorenzo eran limitadas. Con muy pocos médicos en el pueblo, mis hermanos y yo nunca vimos a un pediatra. Una vez le pregunté a mi mamá cómo nos había criado sin el asesoramiento de un médico. Ella respondió: "Jacob, yo usaba mis instintos animales más básicos, hacía lo que a mí me parecía lógico".

Aquellos eran tiempos muy difíciles para las familias pobres de Puerto Rico. Aun así, no recuerdo que mis hermanos y yo sufriéramos hambre, careciéramos de alimentos nutritivos o hubiéramos estado enfermos durante nuestra niñez. Siempre ha sido un misterio para mí cómo mi mamá fue capaz de criar a tres hijos felices, sanos y sin enfermedades en aquellos tiempos tan difíciles y desafiantes. Fue una madre y una esposa verdaderamente excepcional en las circunstancias más adversas.

Cuando éramos pequeños, no había refrigeración moderna en nuestra casa, por lo que mi mamá tenía que preparar la leche, varias veces al día, utilizando leche en polvo. La única refrigeración disponible en nuestra casa era una caja de madera en la cocina en la que mi papá colocaba un bloque de hielo por la mañana para intentar mantener frescos los alimentos durante el día. Un gran camión de hielo de una empresa con sede en Caguas entregaba los bloques a primera hora de la mañana. Sin embargo, en el cálido ambiente tropical, un bloque de hielo no duraba todo el día.

En nuestro pueblo solo había un dentista, y su función principal era extraer dientes. Ejercía en el antiguo hospital municipal, no muy lejos de nuestra casa. El único equipo que había en su modesto consultorio dental era una vieja silla de barbero, unas cuantas jeringuillas viejas y un par de fórceps dentales. No tenía recepcionista ni asistente dental. No se llevaban registros dentales ni se daban recetas para medicamentos.

Muy temprano en la mañana, los pacientes hacían fila bajo el sol candente o la lluvia tropical, y esperaban pacientemente a que el dentista les administrara la anestesia. Después de recibirla, esperaban hasta que todos los demás pacientes hubieran obtenido la suya. Cuando llegaban al principio de la fila, podían oír cómo los dientes extraídos de los otros pacientes golpeaban un cubo de basura dentro del consultorio y escuchaban al dentista gritar: "¡El siguiente!".

Los pacientes se sentaban en la silla, abrían la boca y señalaban el diente o la muela que les dolía. Tras un rápido examen, el dentista se lo extraía. Luego de la extracción, les daba un pedazo de algodón y les pedía que lo presionaran contra el punto sangrante. Inmediatamente después, los pacientes salían del consultorio con una mano en la mejilla. Todo el proceso solía durar menos de cinco agonizantes minutos.

A mí me sacaron dos muelas de esa manera.

Formación académica de mis padres

Mis padres carecían de una formación académica alta, pero gozaban de mucho sentido común y aprendían rápido. Aunque mi papá solo alcanzó el séptimo grado, era un ávido lector y conocía sobre matemáticas e inglés. Siempre estaba bien informado porque diariamente leía todas las páginas de los periódicos locales. Durante su juventud, tuvo la oportunidad de tener un tutor personal, pero dejó la escuela, y sus padres no le obligaron a continuar. Aun así, era un gran conversador con un magnífico sentido del humor.

A pesar de sus humildes orígenes y entorno, mi papá se ganó el respeto de todos como un hombre muy respetable, trabajador y honesto. Para quienes lo conocían, incluyendo las esferas altas de la sociedad de nuestro pueblo, él era conocido como "don Juan", "don Juanito" o "don Juancho" (su apodo). Solo sus amigos más íntimos lo llamaban por su nombre de pila (Juan) o por su apodo (Juancho).

Imagen 6. El autor y su mamá, Clotilde Pereira.

Cuando yo era adolescente, el Departamento de Educación Pública de Puerto Rico estableció un programa de educación para adultos. En San Lorenzo, este proyecto innovador se llevaba a cabo por las noches, en la escuela primaria cercana a la plaza pública. Una buena amiga y vecina de nuestra familia, apodada "Tuta", enseñaba primer grado en este proyecto. Un día, visitó nuestra casa para hablarnos sobre el programa y animó a mi mamá a inscribirse. Después de escucharla durante unos minutos, mi mamá aceptó asistir.

Mi mamá comenzó las clases con mucha seriedad y ahínco. Yo la acompañaba a la escuela por las noches y me sentaba en silencio en el aula mientras su maestra daba clases. ¡Estaba muy orgulloso de mi mamá porque, seis meses después de empezar las clases, ya había aprendido a leer y a escribir!

Antes de que comenzara el segundo semestre, su maestra volvió a visitarnos. Comenzó la conversación felicitando a mi mamá por su enorme progreso e invitándola a inscribirse para el segundo semestre. Después de agradecerle su visita, sus elogios y la invitación, mi mamá le dijo cortésmente: "Maestra, gracias a usted, ahora puedo leer la Biblia y escribir los nombres de mis tres hijos. Eso es todo lo que yo quería aprender". Y con eso, mi mamá puso fin a sus actividades académicas.

Desde muy pequeño, mi mamá me enseñó todos los aspectos del cuidado del hogar para ayudarme a ser totalmente independiente. "¡Te estoy enseñando a hacer todas estas cosas por si te casas con una mujer perezosa!", solía decirme.

Las lecciones que ella me enseñó me fueron muy útiles, especialmente durante mi carrera militar. Entre muchas de ellas, recuerdo cocinar, lavar la ropa y planchar, tareas que a veces realizaba mientras crecía. Siempre recuerdo el aroma del almidón que mi mamá preparaba en la estufa antes de enseñarme a planchar la ropa.

Una lección para toda la vida

Yo no tuve la dicha de conocer a mis abuelos maternos, y mis abuelos paternos no eran muy cariñosos. Mi abuelo paterno (al que cariñosamente llamábamos "Papá Juan") trabajaba en los cañaverales junto a su hijo José (el hermano de mi padre y nuestro único tío).

Papá Juan se dedicaba a cortar caña, mientras que nuestro tío, al que cariñosamente llamábamos "Tití Cheo", cargaba los mazos de caña a los vagones de las locomotoras. Esas viejas locomotoras transportaban la caña a los ingenios azucareros, conocidos como "centrales". Allí se transformaba en melaza, azúcar de caña y bagazo. El bagazo, la fibra seca residual de la caña tras extraerle el jugo, se utilizaba como combustible para las calderas de los ingenios azucareros.

La temporada de cosecha de la caña de azúcar comenzaba a mediados de octubre y terminaba a mediados de marzo. El periodo intermedio, cuando no había trabajo en los cañaverales, se conocía como "tiempo muerto". La cosecha comenzaba muy temprano en la mañana para limitar la exposición de los trabajadores al sol candente de la tarde.

La gran mayoría de los obreros que trabajaban en los cañaverales en San Lorenzo eran recogidos en diferentes puntos del pueblo a primera hora de la mañana, alrededor de las 5. Papá Juan tenía el honor, o quizás la desgracia, de ser uno de los mejores cortadores de caña del pueblo, por lo que era el primero en ser recogido frente a su casa.

Los trabajadores, aún medio dormidos, se subían a un camión o camioneta y salían del pueblo. Usualmente vestían camisas color caqui de manga larga porque las hojas de la caña de azúcar no solo eran largas y afiladas, sino que también tenían pequeñas espinas que, además de causar picazón en la piel, cortaban la piel desprotegida. Usaban sombreros de ala ancha para protegerse del sol abrasador, se remangaban los pantalones y se ataban con una cuerda o una liana (conocida como "bejuco de puerco") para evitar las picaduras de insectos.

El uso de sombreros, camisas de manga larga y pantalones remangados, combinado con el implacable sol tropical, hacía que el trabajo de cosechar la caña de azúcar fuera casi insoportable.

Los niveles altos de humedad y las lluvias torrenciales frecuentes en los cañaverales eran especialmente difíciles. Uno de los cañaverales más agobiantes en nuestro pueblo se encontraba en la ruta hacia las localidades de Gurabo y Juncos. Esta gran extensión era conocida como "el vapor". Por desgracia, era donde trabajaba mi abuelo.

En los cañaverales, los trabajadores se organizaban en línea recta, separados entre sí por la anchura de los hombros. El cortador más rápido solía colocarse en el centro de la formación y los trabajadores de la izquierda y la derecha tenían que seguir su ritmo. Gracias a esta formación, el supervisor (conocido como "capataz" y, normalmente, montado en un caballo) podía identificar rápidamente a los trabajadores más lentos. Como Papá Juan era muy veloz cortando caña de azúcar, su lugar estaba usualmente reservado en el centro de la formación.

A medida que los trabajadores avanzaban, iban cortando la caña de azúcar. Mientras la fila se movía, las largas cañas caían como fósforos (cerillas). Luego eran recogidas y colocadas en fardos para poder ser cargadas en carretas de madera, las cuales eran arrastradas por unos bueyes enormes. Todavía recuerdo el sonido que hacían las carretas (conocido como el "canto de la carreta") al ser arrastradas por estos enormes y dóciles animales cuesta arriba y cuesta abajo por esas empinadas laderas.

Durante la temporada de cosecha de la caña de azúcar, una de las tareas más importantes para mis hermanos y para mí era llevarle el almuerzo caliente a mi abuelo, Papá Juan. Mi mamá preparaba el almuerzo, que solía consistir en arroz blanco, ensalada de bacalao, un huevo cocido y una pequeña botella de leche.

Llevarle el almuerzo a Papá Juan no era fácil. Cuando me tocaba a mí, mi papá me indicaba en qué cañaveral él estaba trabajando y cómo llegar, pero era yo quien tenía que encontrarlo. Mi mamá acomodaba la comida en recipientes llamados fiambreras (pequeños recipientes metálicos que se podían colocar unos encima de los otros). Las fiambreras mantenían la comida caliente.

A veces, tenía que caminar hasta el lugar de trabajo de Papá Juan; otras veces, cogía un autobús hasta un lugar cercano a los trabajadores. El viaje costaba 5 centavos. Desde la distancia, podía ver a los diminutos trabajadores cortando afanosamente la caña de azúcar con sus machetes afilados y relucientes, y a las cañas cayendo rápidamente al suelo una detrás de la otra.

Durante sus limitados descansos, los trabajadores afilaban sus machetes con una lima que llevaban en sus bolsillos o bebían un sorbo de agua tibia o café. Era un trabajo agotador por muy poco dinero.

Pocos trabajadores de la caña de azúcar comían un almuerzo saludable. Algunos sacaban un trozo de bacalao seco y un pedazo de pan de una bolsa de papel que llevaban consigo. En vez de tomar leche, recogían agua del arroyo más cercano con una hoja de malanga. A mí me producía una enorme satisfacción ver a Papá Juan disfrutando de un buen almuerzo en unas condiciones de trabajo tan deplorables.

Un día, mi papá me acompañó a llevarle el almuerzo a Papá Juan. "¿Sabes por qué esos hombres trabajan en condiciones tan horribles? —me preguntó—. Trabajan en estos cañaverales porque ninguno de ellos recibió una buena educación".

Las palabras de mi papá me impactaron mucho. En ese momento, decidí que me dedicaría a alcanzar el mayor nivel de educación posible.

35

CAPÍTULO 3

CONVIRTIÉNDOME EN LÍDER

ALGUNOS AFIRMAN QUE LOS LÍDERES SE HACEN; OTROS CREEN que los líderes nacen. Yo creo que nací para liderar. Mi desarrollo como líder comenzó en la iglesia pentecostal. A los seis años, mi mamá me animó a participar activamente en el grupo infantil. Cuando mi abuela (que pastoreaba nuestra iglesia) pedía que alguien recitara las Escrituras, mi mamá me decía: "Jacob, recita el Salmo 23". A pesar de que yo era un poco tímido de niño, nunca me atreví a decepcionar a mi mamá así que, sin protestar, lo hacía.

En la década de 1950, muchas personas en Puerto Rico padecían de parásitos intestinales. Para combatir la propagación de esta enfermedad, los niños recibían un tratamiento preventivo antes de asistir a la escuela. El tratamiento, conocido como "purgantes", consistía en ingerir dos cápsulas medicinales de un medicamento nauseabundo llamado "pasote" (elaborado con una hierba medicinal, el epazote, conocido por su potencial para combatir los parásitos intestinales). Las desagradables cápsulas se ingerían con un vaso de un líquido transparente conocido como "salsosa".

Un par de semanas después de cumplir los seis años, estaba previsto que empezara el primer grado en la escuela elemental (escuela primaria) José Cordovés Berríos. Temprano esa mañana, mi papá compró una china (naranja) grande y un bombón de menta. Peló la china y la puso dentro de una bolsa de tela que mi mamá había cosido para que llevara mis meriendas a la escuela.

Luego, me dio instrucciones específicas: "Trágate las cápsulas rápidamente con la salsosa e inmediatamente exprime el jugo de la china en tu boca. Cuando termines, chupa el bombón de menta para disminuir el mal sabor que queda".

Llegamos a la escuela, y casi todos los niños lloraban desconsoladamente anticipando el purgante. Algunos suplicaban a sus padres para que los llevaran a su casa. Otros no querían abrir la boca y eran regañados fuertemente por sus padres. Yo no me atrevía avergonzar a mi papá, así que, cuando llegó mi turno, seguí sus instrucciones.

Ni el jugo de china ni el bombón de menta mejoraron el horrible sabor de las cápsulas de pasote y la salsosa. ¡Y eructarlas durante las siguientes veinticuatro horas fue peor!

Mis habilidades de liderazgo comenzaron a desarrollarse ya en mi primer grado de escuela elemental. El primer día de clases, mi papá y yo fuimos a la oficina de la directora y nos enteramos de que me habían asignado al salón de la Srta. Milagros Flores. Él me llevó, y allí conocí a varios de mis compañeros. Le pregunté a la Srta. Flores si podía sentarme en una de las sillas. Ella me miró con ternura y me dijo: "Por supuesto. Para eso están las sillas en mi salón de clases". Sus palabras me avergonzaron un poco, y me sonrojé al instante por mi timidez.

¡A mí me encantaba el primer grado! La Srta. Flores era una maestra muy paciente y cariñosa. Hice nuevos amigos y aprendí a leer, escribir y hacer operaciones básicas de aritmética. Ver mi progreso en esas destrezas básicas me enorgullecía y me daba confianza en mí mismo. La Srta. Flores me asignaba tareas específicas y pequeños roles de liderazgo, como ayudarla a pasar lista y ayudar a otros estudiantes con sus tareas escolares.

En mi primer reporte escolar (conocido como "las notas"), la Srta. Flores escribió:

Jacob es un niño amable y responsable. Es muy cooperador. Está haciendo un buen trabajo.

Me encantó cuando mi papá, radiante de orgullo, me leyó el reporte. Para un niño de seis años, esas palabras significaban mucho. Todavía conservo el reporte escolar y el diploma de Promoción al Segundo Grado que me entregó la Srta. Flores cuando terminé el primer grado.

De séptimo a noveno grado (conocidos en Puerto Rico como "escuela intermedia"), asistía a clases en un anexo detrás de la escuela Antonio R. Barceló. Una de mis clases favoritas se llamaba Artes Industriales. El Sr. José Luis Hernández Corretjer, apodado cariñosamente "Jim de la selva" (porque a menudo llevaba puesto un sombrero de jungla), nos enseñaba carpintería básica y electricidad. Su salón de clases siempre estaba repleto de ruido: el sonido de los cinceles afilándose, los golpes de los martillos sobre los tablones y el serruchar de la madera.

Yo tenía doce años cuando, utilizando los conocimientos de carpintería que ya había aprendido, construí un anaquel para guardar mis libros y materiales escolares. Mis padres me felicitaron por mi trabajo y lo colocaron en nuestra sala. Esta primera incursión en la carpintería básica sentó las bases del interés por la carpintería y ebanistería, el cual ha perdurado toda mi vida.

Aprendimos otras destrezas durante la clase de Artes Industriales. En las lecciones de electricidad, aprendimos a construir un pequeño motor con baterías (pilas). También aprendimos a fabricar lámparas utilizando cuernos de vaca. Esa fue la habilidad que menos me gustó aprender. Adquirir estas destrezas me ayudó a desarrollar la creatividad y la resolución de problemas, dos habilidades básicas para el liderazgo.

DISCIPLINADO

Durante mi infancia y adolescencia, la mayoría de los padres eran muy estrictos, pero los míos eran más estrictos aún. Teníamos que estar en casa a las 7 de la noche. Si no habíamos llegado a esa hora, mi papá silbaba muy duro y teníamos que correr hacia la casa. Mis padres no rehuían el castigo. El castigo más leve era la restricción de las actividades al aire libre; el más severo, un par de azotes bien dados con una correa.

Un día, mi papá se encontró con el Sr. Reyes (uno de mis maestros de séptimo grado), quien le dijo que yo estaba haciendo buen trabajo, pero que, últimamente, hablaba demasiado en clase. Al día siguiente, mientras el Sr. Reyes nos estaba dando clases, alguien tocó en la puerta. Cuando él la abrió, ¡mi papá estaba allí afuera!

"Siento interrumpir, pero ¿le puedo decir unas palabras a la clase?", preguntó.

Todos se quedaron en silencio. Yo me quedé sentado, petrificado, preocupado por lo que diría mi papá.

Después de que el Sr. Reyes lo invitara a pasar, mi papá se paró frente a mis compañeros y me pidió que me acercara. Cuando me paré frente a ellos, anunció: "Estoy aquí porque Jacob quiere pedirles disculpas por interrumpir la clase".

Me dio un empujoncito por la espalda y, con la cabeza baja, dije: "Sr. Reyes, pido disculpas por hablar durante la clase".

Mi papá le dio las gracias al Sr. Reyes y salió rápidamente del salón. Esa fue la última vez que interrumpí una clase con mi conversación.

Nunca resentí la disciplina estricta de mis padres. La forma en que me criaron y los valores que me inculcaron contribuyeron a convertirme en la persona que soy. También me hicieron más disciplinado y resistente a las adversidades de la vida. Los valores que aprendí de ellos y el entorno ordenado en el que me crie fueron fundamentales para mi desarrollo.

LIDERANDO A OTROS

Nunca perdí la oportunidad de asumir posiciones de liderazgo, especialmente en actividades culturales y deportivas. Cuando nuestros maestros buscaban voluntarios, yo siempre era el primero en levantar la mano. Me ofrecí como voluntario para unirme al grupo de danza folclórica de nuestra escuela, ayudé a mi maestro de Ciencias Sociales a planificar una excursión a San Juan y me ofrecí para darle tutorías a un compañero que necesitaba ayuda con sus tareas escolares.

En noveno grado, asumí mi primer cargo formal de liderazgo cuando mis maestros me eligieron para dirigir la clase como presidente. Cuando anunciaron mi elección, dije muy poco porque no sabía lo que el cargo implicaba. Mis compañeros no se quejaron de mi elección, se sintieron aliviados de no tener que ser presidente ellos mismos.

Después de haber sido elegido presidente, supe que tenía que ayudar a planificar nuestra ceremonia de graduación y la celebración posterior. También tenía que representar a mis compañeros ante las autoridades escolares y actuar como maestro de ceremonias durante la graduación. Asombrado por el alcance de mis responsabilidades, busqué inmediatamente la ayuda de mis maestros y de algunos de mis amigos más cercanos. Mi mamá, al enterarse de mi nuevo puesto y de mis preocupaciones, simplemente me dijo: "No te estreses, ser presidente de la clase es un trabajo difícil, ¡pero tú eres más fuerte!".

Los preparativos para la graduación implicaron mucho trabajo. Tuve que planificar las actividades para recaudar fondos y motivar a mis condiscípulos para que participaran activamente. También tuve que preparar mi discurso de graduación y ayudar a los maestros a organizar a mis compañeros durante los ensayos. ¡Aunque la tarea era dura, yo estaba entusiasmado con el trabajo!

¡El día de la graduación me sentí en la cima del mundo! Me puse la ropa prescrita, que consistía en pantalones negros, una camisa blanca de manga larga, una corbata de lazo y zapatos negros. Después de darle un beso de despedida a mi mamá, caminé hacia el teatro del pueblo. Cuando llegué, la mayoría de mis compañeros, sus padres y algunos de nuestros maestros ya se habían reunido frente al teatro. Mi papá, que siempre era el primero en llegar a todos los eventos, también estaba allí.

Imagen 7. El autor y su papá el día de su graduación de 9.º grado.

Luego de que los padres de los estudiantes y nuestros maestros entraron al teatro y se sentaron, mis compañeros se colocaron en fila. Estando ya listos, se escucharon los melodiosos acordes de música clásica. Respiré hondo para calmar los nervios y precedí a mis compañeros hacia el interior del teatro. Al entrar, sentí que el lugar vibraba de expectación.

Mi papá se había sentado en un asiento del pasillo, y estaba aplaudiendo y señalándome. Estoy seguro de que le estaba diciendo a todos los que lo rodeaban que yo, el presidente de la clase, era su hijo.

Imagen 8. El autor pronunciando su discurso de graduación de 9.º grado.

Como nuestra escuela no tenía los recursos económicos para organizar un baile de graduación, nuestros maestros organizaron un almuerzo en el Club de Leones de San Lorenzo.

En aquella época, el club estaba restringido a los ciudadanos mejor acomodados de nuestro pueblo. Obviamente, mis padres no eran miembros, por lo que tener la oportunidad de entrar en un club tan "exclusivo" fue emocionante para un chico de quince años.

Durante los años de escuela intermedia, adquirí más destrezas de liderazgo, como delegar tareas e inspirar a otros para alcanzar un objetivo común. También aprendí a comunicarme de manera más eficaz y a motivar a los demás. Mi participación en las actividades escolares influyó en mi desarrollo temprano como líder. Me dio confianza, mejoró mis habilidades comunicativas y me ayudó a elevar mi potencial.

Poco después de graduarme, comencé mis estudios en la escuela superior (escuela secundaria) Luis Muñoz Rivera. Situada en la calle principal, frente a un gran almacén de tabaco y al lado del parque de bomberos, yo tardaba diez minutos en llegar a pie desde mi casa. Al mediodía, tenía tiempo de sobra para ir a casa, almorzar y volver.

La escuela contaba con aproximadamente quince aulas sin aire acondicionado. Carecía de zonas exteriores con sombra, campos deportivos y una biblioteca bien surtida. En la clase de Ciencias, teníamos que imaginarnos nuestros experimentos porque no teníamos laboratorios equipados. Para estudiar materias avanzadas, uno tenía que matricularse en la escuela superior Gautier Benítez, en Caguas, durante las vacaciones de verano.

Durante mi segundo año, contraje dengue. El dengue se transmite por medio de mosquitos y produce fiebre alta y dolor en las articulaciones. Había muchos casos de dengue en mi pueblo. A menudo, mis padres vaciaban los recipientes de agua de lluvia de nuestro patio para reducir la proliferación y propagación de los mosquitos. Además, el Gobierno municipal fumigaba los vecindarios por las tardes con máquinas fumigadoras montadas en vehículos. El dolor punzante y agudo que me causó el dengue me impidió ir a la escuela por una semana.

Al final de mi segundo año, me matriculé para estudiar Física en Caguas. Todo iba bien hasta que contraje farfallota (paperas). El síntoma principal de la farfallota es la inflamación de las glándulas salivales. Mi mamá me untaba una crema negra y pegajosa, conocida como "Ichthyol", en el cuello dos veces al día para reducir la inflamación. ¡Mi cara y mi cuello tenían un aspecto horrible!

La farfallota me impidió ir a la escuela, así que le envié una nota a mi maestro para solicitar tomar el examen final en mi casa. Como yo era uno de sus mejores alumnos, me lo envió. La amabilidad del maestro me sirvió de lección: "Como líder, hay que ser flexible con las circunstancias especiales de las otras personas y cuidar de aquellos a quienes se nos ha confiado".

¡ME ESTÁN PICANDO LAS HORMIGAS!

Durante los meses de otoño, yo supervisaba el diseño y la construcción del escenario para la obra de Navidad de nuestra iglesia. Nuestro pastor, sabiendo que yo tenía las habilidades de liderazgo necesarias, me encargó el proyecto. Además, yo sabía dibujar y pintar. Con recursos limitados, hacíamos lo mejor con lo que encontrábamos.

Una Navidad, construimos un escenario con un estrecho camino que conducía a un pesebre. Sugerí utilizar plantas naturales para que la escena fuera más realista. Como no podíamos comprarlas, recogimos montones de tierra con maleza del campo, los transportamos a la iglesia y los colocamos junto al camino.

El día del espectáculo, los feligreses, emocionados, llenaron nuestra pequeña iglesia. En la última escena, los pastores y los reyes magos llegaron al pesebre y se arrodillaron ante el niño Jesús. Todo iba bien, hasta que uno de los pastores se arrodilló junto a uno de los montones de tierra. Saltó y gritó: "¡Hormigas! ¡Me están picando las hormigas!".

Cerré el telón rápidamente y corrí hacia el escenario, ¡solo para ver cientos de hormigas por todo el piso! Sin darnos cuenta, habíamos traído un enorme hormiguero a la iglesia con los montones de tierra. Hasta el día de hoy, mi hermano menor — que era uno de los pastores— y yo nos reímos a carcajadas cuando recordamos ese incidente. Aprendí una lección importante de este divertido episodio: "No dejar las cosas al azar". Para evitar riesgos potenciales, hay que planificar meticulosamente.

COMUNICACIÓN

Cuando tenía quince años, dejé de asistir a la iglesia pentecostal y me uní a la iglesia bautista porque tenía un grupo juvenil muy activo. Además, me ofrecía más oportunidades para liderar y crecer como líder. Estar en una posición de liderazgo era importante para mí por varias razones. En primer lugar, porque ya había desarrollado la capacidad de motivar a los demás. En segundo lugar, porque, como líder juvenil, podía contribuir más a la Iglesia.

Al unirme a la iglesia bautista, el pastor inmediatamente me pidió que diera clases en la Escuela bíblica dominical. Posteriormente, dirigí servicios religiosos, prediqué y fui tesorero. Estas actividades reforzaron aún más la confianza en mí mismo y mis habilidades para hablar en público.

DIBUJA LO QUE VES

Alrededor de mi decimosexto cumpleaños, el Gobierno municipal de Caguas ofreció clases de Arte gratuitas durante los sábados. Me gustaba dibujar, así que me inscribí. El viaje a Caguas (en autobuses de 45 pasajeros y sin aire acondicionado) cubría 10 kilómetros (aproximadamente 7 millas). La travesía duraba cerca de cuarenta y cinco minutos, y costaba 10 centavos ida y vuelta. Los autobuses eran viejos y estaban mal mantenidos; sus pisos sonaban como si se fueran a hundir.

El maestro de Arte era el Sr. Víctor Torres Lizardi, un consumado artista local que creció en una familia con recursos económicos limitados. Era un hombre de pocas palabras. Una lesión en la infancia había atrofiado su crecimiento, por lo que medía menos de 5 pies (aproximadamente 1.5 metros) de altura.

Durante la primera clase, yo esperaba que él nos explicara qué lápices de carbón o qué papel debíamos utilizar. Sin embargo, colocó un busto de una niña, hecho de mármol blanco sobre una mesa y dijo: "Dibujen lo que ven". Dibujar el busto era difícil, pero hacerlo bajo su intensa mirada era casi imposible. No sabía por dónde empezar porque me concentraba demasiado en su forma y color. Toqué el mármol frío varias veces para sentir mejor su forma.

Tras intentar dibujarlo sin éxito, estaba a punto de rendirme cuando el Sr. Lizardi se dio cuenta de mis dificultades y me dijo: "Estás intentando dibujar el busto tal y como es. Esa no es la clave. Intenta dibujar el busto tal y como lo ves, no tal y como es". Le contesté que no entendía lo que quería decir. Continuó:

> Imagínate un bosque. Sabemos que las hojas son verdes, pero cuando las miras desde lejos, no todas parecen verdes, ¿verdad? Algunas parecen verdes, otras marrones o incluso azules. Todo depende, entre otras cosas, de cómo les da la luz y de su posición. En lugar de dibujar el busto tal y como es, ¿por qué no dibujas lo que ves?

Volví a mirar el busto y vi diferentes colores, matices y variaciones de luz. Una hora más tarde, terminé mi primera clase de Arte. ¡Quedé muy satisfecho! En esa clase, aprendimos tanto sobre óleo como carboncillo, aunque yo prefería el carboncillo porque lo consideraba un medio más dócil y fácil de ejecutar.

El Sr. Lizardi utilizó las clases de Arte para enseñarme que las cosas no siempre son lo que parecen. Podemos pensar que la vida es de una manera, y resulta ser algo muy diferente. Hasta el día de hoy, conservo ese primer dibujo en mi oficina. Durante mi tercer año de escuela superior, probé el atletismo. Rápidamente me di cuenta de que no tenía las aptitudes necesarias, así que centré mi atención en el ajedrez.

San Lorenzo tenía muy buenos jugadores de ajedrez, y aprendí a jugar sentado en los bancos de la plaza pública. Fernandito Martínez (que posteriormente se convirtió en el campeón de ajedrez de Puerto Rico) y Carlos Buitrago (un maestro de escuela) me enseñaron este hermoso juego. Los sábados, rodeados por el sonido de las piezas al golpear el tablero, jugábamos todo el día hasta el anochecer.

Me convertí en un ávido jugador, estudiaba sus numerosas estrategias y seguía los torneos internacionales. La intensa concentración que requerían las partidas me ayudó a mejorar mi concentración en la escuela y en otros ámbitos de la vida.

El ajedrez me enseñó el valor de la estrategia, de pensar con anticipación y la paciencia. También aprendí a aprovechar las oportunidades inesperadas y a evaluar todas las opciones antes de elegir una. Esas lecciones no solo me ayudaron a ganar partidas de ajedrez, sino que también me dieron las herramientas necesarias para tener éxito en mis futuras carreras profesionales.

A principios del otro año, fui elegido presidente de mi clase de cuarto año. Esta vez, la elección fue por voto directo de mis compañeros. Aunque el cargo requería más trabajo y responsabilidad que mi graduación de noveno grado, ser presidente del último año me brindó otra oportunidad de mejorar mis habilidades de liderazgo trabajando con mis compañeros, coordinando eventos y pronunciando más discursos.

Mi último año de escuela superior fue muy ajetreado. Además de mis funciones como presidente de la clase, también continué con mis actividades de liderazgo en la iglesia.

En la escuela, fui miembro de un equipo académico que competía contra otras escuelas en un programa de televisión llamado "El Club 6". Estas competencias requerían una preparación y unas prácticas exhaustivas. Mis áreas asignadas eran geografía e historia mundial. Nuestros maestros, compañeros y padres no apartaban los ojos de la televisión cuando nuestro equipo competía: ¡la presión por hacerlo bien era intensa!

Para prepararme para asistir a la universidad, visité el recinto de la Universidad de Puerto Rico (UPR) en Río Piedras en varias ocasiones. Quería familiarizarme con el campus y sus alrededores, incluyendo el edificio del Cuerpo de Capacitación de Oficiales de la Reserva (ROTC, por sus siglas en inglés) y el Centro de Estudiantes. Me interesaba el ROTC porque los graduados recibían una comisión para servir como oficiales en el Ejército. También me reunía a menudo con nuestro consejero escolar para informarme sobre las becas y las oportunidades de programas de trabajo y estudio que ofrecía la UPR.

Dos semanas antes de mi graduación, mi papá me compró unos zapatos para la ceremonia en la tienda Thom McAn de Caguas. Ir de compras con él era toda una experiencia. De niño, me llevaba a comprar ropa a Casa Palacios, propiedad del Sr. José Palacios Ramírez, donde él compraba a crédito. Mi papá siempre elegía mi ropa y regateaba por el precio. No importaba si compraba chinas, plátanos o ropa, ¡él *siempre* regateaba para conseguir un mejor precio!

Me encantaba ver negociar a mi papá, así que lo observaba con atención y aprendía sus técnicas para conseguir un mejor precio. Hoy en día, a menudo aplico sus habilidades cuando viajo a países donde el regateo es habitual y trato de averiguar en qué punto la otra persona está dispuesta a ceder para hacer mi oferta.

En aquella época, utilicé estas habilidades para ayudar a mis compañeros de clase a adquirir sus trajes para la ceremonia y el baile de graduación. Como presidente de la clase, sabía que muchos de mis compañeros querían vestirse bien, pero no tenían mucho dinero. Yo deseaba ayudarlos.

Un sábado por la mañana, fui a una tienda de ropa en San Juan para hablar con el gerente. Le expliqué que yo era el presidente de la clase que se estaba por graduar y que necesitaba su ayuda. Le dije que podía convencer a muchos de mis compañeros para que compraran sus trajes en su tienda si nos hacía un descuento. Le impresionó tanto que yo hubiera viajado de tan lejos que prometió enviar a un vendedor a nuestra escuela y ofrecernos un descuento en función del número de trajes que compráramos. Al salir de la tienda, la adrenalina me hacía temblar de emoción.

Una semana más tarde, el vendedor se presentó en nuestra escuela con varios trajes para enseñárselos a mis compañeros. Dos semanas después, 25 compañeros se habían apuntado para comprar un traje. Nos prometieron un descuento del 20 %, y todos estábamos contentos. Como presidente de la clase, mi idea fue un éxito total. Sentí una enorme satisfacción al poder ayudar a mis compañeros.

Tres semanas más tarde, fui a recoger mi traje. Cuando me acerqué a pagarlo, la cajera me dijo que no tenía que pagar nada. Habían vendido tantos trajes que, en agradecimiento, el gerente de la tienda quería que el mío fuera gratis.

Por temor a lo que pudieran pensar los demás, no acepté el traje hasta que hablé con nuestra consejera. Mi objetivo era ayudar a mis compañeros, no beneficiarme con un traje gratis. Ella me dijo que no había nada de malo en aceptarlo, ya que yo no lo había pedido, sino que era un regalo de la tienda.

El sábado siguiente, ¡llevé a casa mi primer traje! Antes de partir de Puerto Rico, se lo regalé a mi papá y, durante muchos años, lo utilizó en ocasiones especiales. Sesenta y dos años después, ese traje gris está en el armario de mi dormitorio, ya que para mí tiene un significado único y especial.

El orgullo de un padre

Dos semanas antes de la graduación, escribí mi discurso como presidente de la clase con la ayuda de mis maestros, el cual hacía hincapié en el agradecimiento que sentíamos los alumnos hacia ellos y hacia nuestros padres. También añadí algunas palabras para motivar a mis compañeros a seguir aprendiendo, a mantenerse enfocados en sus estudios y a no limitarse por las circunstancias o los obstáculos de la vida. Pasé horas ensayando el discurso para asegurarme de que sonaba bien.

Aun así, el día de la graduación estaba tan nervioso que mi mamá me preparó un té con la flor de un árbol de limón de nuestro jardín para calmar mis nervios. El té tenía un aroma maravilloso, aunque también tenía un ligero toque amargo. Después de tomármelo, me sentí más relajado, y mis nervios se calmaron. Me puse la toga y el birrete, y revisé el discurso que había preparado antes de dirigirme al teatro, situado en la plaza pública. Mientras caminaba, los vecinos salían a sus balcones para saludarme y felicitarme, lo que me llenó de una profunda sensación de logro y orgullo.

El teatro del pueblo, el Teatro Cervantes, tenía capacidad para unas 300 personas. El escenario era estrecho, y las butacas tenían asientos de madera y armazones de metal negro. Los fines de semana, se proyectaban películas en blanco y negro, la mayoría rodadas en México.

Los estudiantes se congregaron en la acera del teatro, y los maestros los alinearon por altura. Una vez hecha la fila, dirigí a los estudiantes al interior al son de la marcha triunfal "Aida", de Giuseppe Verdi, el himno predilecto para las graduaciones de escuela superior en Puerto Rico. Al pasar junto a mi papá, que estaba sentado en el pasillo principal del teatro, le oí decir: "¡Ese es mi hijo Jacob!".

Ver a mi papá aplaudiendo e informando a todos los que estaban sentados a su lado que yo era su hijo fue muy emotivo. Siempre he creído que todo hijo quiere que su padre esté

50

orgulloso de él. En ese momento, mi papá expresó su orgullo públicamente y para que todos lo oyeran.

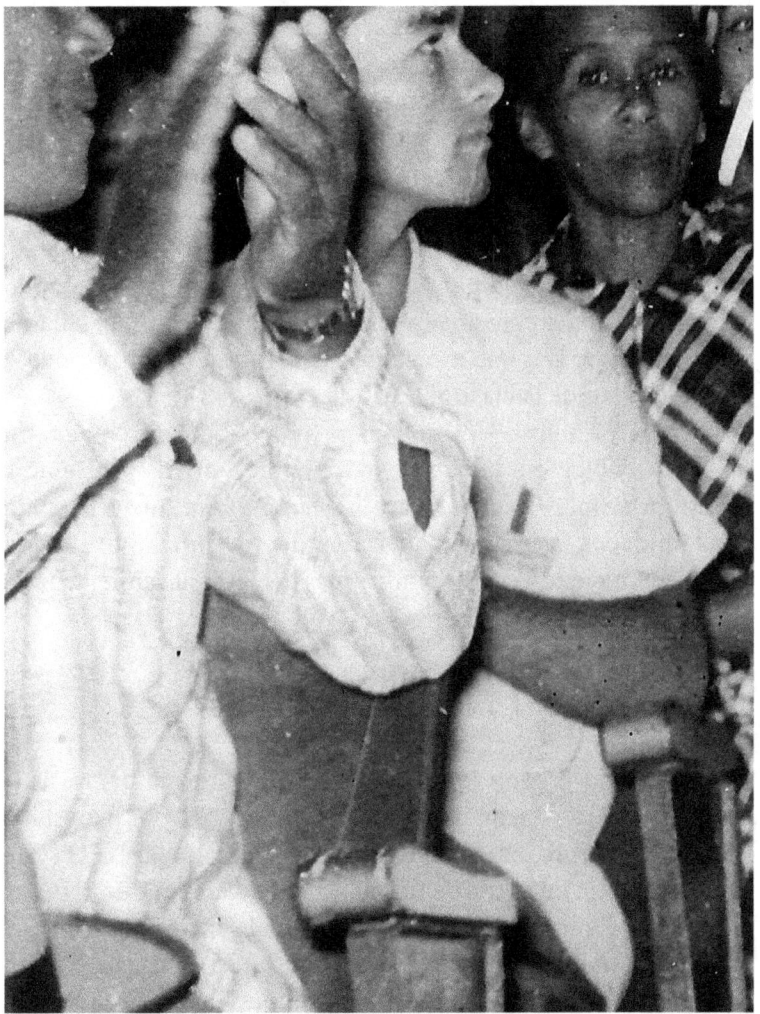

Imagen 9. El papá del autor, Juan Lozada, aplaudiendo durante la graduación de escuela superior de su hijo.

Cuando el último de mis compañeros se sentó, caminé hacia el frente del escenario. Después de agradecer a nuestros padres y maestros por su amor y aliento, pedí a los alumnos que se pusieran de pie y cantaran el himno de nuestra clase antes de pronunciar mi discurso. Yo había pasado varias horas en casa ensayando el discurso, memorizando la mayor parte de él y asegurándome de que sonara bien. El tiempo dedicado a la preparación y el té de mi mamá dieron resultado. Mis nervios se calmaron, y la elocución del discurso fue impecable.

Después de que el principal (director) de la escuela habló, nos colocamos en fila para recibir nuestros diplomas. Cuando llegó mi turno, el principal también me colocó una medalla de oro en el pecho por haber obtenido el segundo mejor promedio de escolaridad de la clase graduanda.

Estaba orgulloso de mí mismo por haber enfrentado mi miedo a hablar en público. No obstante, al mismo tiempo, reflexioné sobre las áreas en las que podía mejorar para oportunidades futuras. No quería perder ninguna oportunidad de seguir creciendo y mejorando antes de pasar al siguiente reto: la universidad.

DEJANDO MI HOGAR

Después de la graduación, comencé a prepararme para asistir a la UPR en Río Piedras. Había elegido la UPR porque estaba más cerca de mi casa, tenía un buen programa del ROTC y patrocinaba un amplio calendario de actividades culturales.

La universidad también tenía un club de ajedrez excelente, y el campus estaba cerca del Club de Ajedrez José Raúl Capablanca, en San Juan. El club llevaba el nombre de un prodigioso campeón mundial de ajedrez nacido en Cuba. Visitar ese club de primer nivel me permitiría aprender de algunos de los mejores jugadores de la isla. Yo había invertido mucho tiempo y esfuerzo en aprender ajedrez, y ansiaba aprender más y mejorar mi juego. Visitar ese club me permitiría alcanzar esos objetivos.

Cuando solicité la admisión a la UPR, me enteré de que una nueva política exigía que los estudiantes de la parte oriental de la isla, incluido mi pueblo natal, tenían que matricularse durante los dos primeros años en el recientemente creado Colegio Regional de Humacao, en lugar de asistir a la UPR. Al final del segundo año, los estudiantes serían trasladados a Río Piedras. El nuevo campus en Humacao era un experimento para lograr que la educación superior fuera más accesible a la población. Este cambio me entristeció mucho; sentí que mis esfuerzos se habían frustrado. Humacao no tenía un programa sólido del ROTC ni un centro estudiantil. Tampoco estaba cerca del club de ajedrez en San Juan. La UPR era mi primera opción y la aspiración de todos; Humacao, al contrario, era un experimento educativo nuevo y sin precedentes. Durante varios días, me costó mucho concentrarme.

Aunque el cambio a Humacao no me entusiasmaba, el Colegio Regional me concedió una beca que cubría el costo de la matrícula y 50 dólares al mes para alojamiento y manutención. El tío de mi papá ("Tío Deco"), un excelente jardinero autodidacta, vivía muy cerca del Colegio Regional. Después de haber hablado con mi papá, aceptó que me quedara a vivir con él y su esposa.

Yo tenía sentimientos encontrados sobre mudarme a Humacao. Nunca había vivido lejos de mi hogar y sabía que echaría de menos a mis padres, especialmente la cocina de mi mamá. Por otro lado, la vida universitaria era una oportunidad para hacer amigos nuevos, descubrir nuevos horizontes y aprender más sobre mí mismo. Me ayudaría a descubrir lo que quería en la vida y a explorar posibles trayectorias profesionales. Ir a Humacao no era lo que yo aspiraba, pero tenía que maximizar lo mejor de la situación, aunque fuera a regañadientes.

Antes de partir de mi casa, mi mamá me ayudó a empacar mi ropa en una pequeña maleta. Pedí y recibí la bendición de mis padres (pedir y recibir la bendición de los padres es una tradición muy arraigada en Puerto Rico). Después de varios abrazos y consejos, me fui a coger el autobús hacia Humacao. Dejar la casa de mis padres y pensar en lo que me depararía la vida universitaria me provocó escalofríos. La parada del autobús quedaba cerca de la oficina de telégrafos, adyacente a la escuela donde, doce años antes, había entrado al salón de clases de la Srta. Flores. Después de sentarme en el autobús, miré hacia el patio de la escuela y vi el lugar donde, muchos años atrás, mis compañeros y yo nos habíamos reunido para tomar el horrible purgante para matar los parásitos intestinales.

Algunos de mis compañeros y otros pasajeros subieron al viejo autobús y, al poco rato, el conductor arrancó. Como siempre, no había aire acondicionado. Giramos a la derecha y, después de hacer un par de paradas para recoger a otros pasajeros, salimos del pueblo.

En San Lorenzo, los autobuses rara vez circulaban a más de 40 kilómetros (25 millas) por hora, y los pasajeros podían subir y bajar en cualquier momento durante el trayecto. Aunque Humacao estaba a 24 kilómetros de nuestro pueblo, a veces uno tardaba dos horas en llegar. Era un viaje largo, aunque muy bonito, por ondulantes carreteras rurales bordeadas de árboles de guayaba y mangos cargados de fruta.

Dos horas más tarde, el autobús llegó a la plaza pública de Humacao, conocida por sus enormes y hermosos árboles podados en forma redonda. Los árboles habían sido sembrados por Tío Deco décadas atrás.

La plaza pública me trajo muchos recuerdos. Durante muchos años, Tío Deco se sentaba, todas las tardes, en su banco favorito de la plaza pública para admirar los hermosos y majestuosos árboles que había sembrado. Estos hermosos gigantes, a los que llamaba sus "queridos hijos", se convirtieron en un testimonio duradero de su arte y su amor por la ciudad de Humacao y su gente.

Imagen 10. Los hijos del autor, Valerie y Jason, posando con Tío Deco frente de uno de los árboles que él sembró.

Ocho de mis compañeros de escuela superior iban conmigo en el autobús. Al igual que yo, estaban emocionados por comenzar su vida universitaria, pero decepcionados por tener que asistir al Colegio Regional. Tan pronto como bajamos del autobús, con nuestras pequeñas maletas y los bolsos en la mano, nos despedimos mutuamente antes de dispersarnos por la ciudad hacia nuestros respectivos hospedajes.

A la mañana siguiente, me matriculé en el colegio. El ruido ensordecedor de los martillos y el olor a pintura fresca emanaban de las aulas, aún sin terminar. El colegio estaba compuesto por un edificio de aulas y un grupo de "casonas" antiguas cercanas al centro de la ciudad. Las casonas tenían fachadas ornamentales, revestimiento de madera y balcones alrededor. La biblioteca, las oficinas administrativas, la cafetería y los laboratorios se encontraban en las casonas antiguas. Los ejercicios del ROTC se realizaban al aire libre.

Mi promedio alto de calificaciones en la escuela superior me colocó en la sección número uno, en competencia con estudiantes que habían cursado sus estudios en escuelas privadas. Yo, al contrario, había asistido a una pequeña escuela pública que carecía de muchos recursos. Sin embargo, los estándares tenían que aplicarse por igual a todos los estudiantes, por lo que entendí que tendría que esforzarme más que los demás.

El campus de Humacao ofrecía tanto el ROTC como Esgrima, y decidí matricularme en ambos. Había buenas razones para elegir hacer esgrima. Además de ayudarme a mantener un buen estado físico, mejoraría mi capacidad de toma de decisiones, mi disciplina, mi confianza en mí mismo y mi capacidad de reaccionar rápidamente bajo presión.

De la decepción a la oportunidad

El instructor del ROTC era el Teniente Coronel José Escribano, un heroico oficial de Infantería del Ejército que hablaba un inglés perfecto. Fue uno de los soldados puertorriqueños más condecorados durante la Guerra de Corea y era oriundo de San Lorenzo. Saber que nuestro instructor era un compueblano me llenó de orgullo. El servicio militar ejemplar del Teniente Coronel Escribano fue para mí una fuente de motivación y un ejemplo a seguir.

El instructor de Esgrima era el profesor Jean Lesieux, un francés que, supuestamente, había sido exiliado a Brasil por el Gobierno francés. El profesor Lesieux poseía unos reflejos asombrosos y una velocidad increíble para su edad. Como un zorro, podía reaccionar rápidamente, cambiar de dirección y lanzarse hacia adelante con agilidad. En los dos años que nos enseñó esgrima, ninguno de nosotros consiguió anotar ni un solo punto contra él. Me gustaba la esgrima. El profesor Lesieux hacía que fuera divertida y competitiva. Competíamos entre nosotros tres veces a la semana, y terminábamos agotados y empapados en sudor. Con solo seis meses de entrenamiento, el Colegio Regional de Humacao se destacó en este deporte. Una de nuestras esgrimistas, Zaida Casals (ahora maestra de escuela jubilada), se distinguió al derrotar a la campeona femenina de la UPR durante un torneo celebrado en San Juan. Con muy poco entrenamiento, venció a una esgrimista con mucha más experiencia y entrenamiento que ella. Su actuación ejemplificó cómo se pueden superar los retos y triunfar contra un adversario formidable.

Aunque al principio el Colegio Regional fue decepcionante, pronto se convirtió en una oportunidad para continuar mi educación y desarrollar mis habilidades de liderazgo. Yo tenía una carga académica muy pesada. Incluía: Introducción a las Matemáticas, Estudio de la Cultura Occidental, Curso Básico de Inglés, Laboratorio de Inglés, Esgrima, Introducción a las Ciencias Físicas, Curso Básico de Español, Ciencias Sociales, ROTC, y Álgebra y Trigonometría.

Además, organicé un club de ajedrez y dirigí un pequeño grupo de ajedrecistas en torneos locales. Junto con mi compañero de estudios, José M. García Leduc, impulsé la iniciativa de designar al búho como la mascota del colegio. Estas oportunidades comenzaron a mitigar mi decepción por el Colegio Regional. Concluí que, a pesar de sus deficiencias, la experiencia en Humacao iba a ser beneficiosa para mí y para mis compañeros.

El ROTC también mejoró mis habilidades de liderazgo. Durante mi primer año, fui aceptado en la Sociedad Nacional de Pershing Rifles, una sociedad militar de honor para estudiantes universitarios. Era considerada como la organización principal de desarrollo del liderazgo para estudiantes. Tuve que aprender a dirigir a los cadetes durante los ejercicios de entrenamiento físico, los desfiles militares y las maniobras. Además, tuve que motivar a otros cadetes en situaciones cotidianas y en los ejercicios de entrenamiento. Para motivar a los demás, les planteaba retos, establecía objetivos y expectativas, y elogiaba sus logros. También daba el ejemplo.

Además, era miembro del *drill team*, una organización muy notable del ROTC y de nuestro colegio. Con sus pasos elegantes y su cadencia rítmica, el *drill team* ofrecía exhibiciones durante los desfiles del ROTC y los eventos celebrados en el colegio y en la ciudad de Humacao. Formar parte de este grupo era de gran orgullo para mí.

Mientras que la esgrima mejoró mi acondicionamiento físico, el ROTC mejoró mi inglés. La instrucción se impartía en este idioma y se esperaba que nos comunicáramos en él durante los ejercicios. Para motivarnos a hablar inglés, nuestros instructores del ROTC añadían "deméritos" a nuestro expediente académico si hablábamos español durante las clases y los ejercicios.

Como yo tenía la habilidad de influir a los demás e inspiraba confianza, me convertí en uno de los líderes informales del alumnado del colegio. Los estudiantes respetaban mi capacidad para establecer relaciones entre ellos y el profesorado e identificar oportunidades.

REPRESENTACIÓN UNIVERSITARIA

Durante mis estudios universitarios existían cuatro universidades importantes en Puerto Rico, y todas competían anualmente en las Justas Intercolegiales de Atletismo. Los directores deportivos de las universidades organizaban los juegos, y un estudiante líder representaba a cada universidad.

Nuestro director deportivo me eligió para representar al Colegio Regional, así que lo acompañé a una reunión organizativa en San Juan. Nuestro departamento de atletismo no estaba completamente organizado, por lo que no podíamos competir en los juegos. Sin embargo, nos invitaron a asistir a la reunión y a las justas como observadores.

Entre los asistentes a la reunión se encontraban los directores deportivos de los distintos campus. Otros eran atletas notables cuyos nombres yo había visto en los periódicos. Me impresionó mucho estar en su compañía. Durante la reunión, los directores discutieron el calendario de eventos, los arreglos logísticos y las actividades previas a los juegos.

A mi regreso a Humacao, compartí los resultados con algunos de mis compañeros de clase y les propuse la idea de organizar un grupo para asistir a los juegos y representar al colegio. Les gustó la idea, pero consideraron que debíamos obtener el permiso del rector del colegio para ausentarnos de clase durante los juegos.

Ninguno de mis amigos se sentía cómodo haciéndolo, así que me ofrecí como voluntario. A la mañana siguiente, visité la oficina del rector y le expuse la idea. ¡Aceptó con entusiasmo! Al preguntarme por mis actividades extracurriculares le dije que había organizado un club de ajedrez. Me dijo que a él también le gustaba jugar. Después de ese encuentro, visité su oficina varias veces para jugar con él. Creo que mi disposición a hacer lo que otros estudiantes no hacían me abrió esa puerta.

Las universidades que participaban en los juegos tenían sus propios himnos, y nuestro campus no tenía ninguno. Hablé del problema con algunos de mis amigos, pero no nos poníamos de acuerdo porque había demasiadas ideas y opiniones. Tras un largo debate, y sin llegar a un consenso, volví a la casa de Tío Deco, me senté en el balcón y comencé a pensar en distintas ideas. Los acordes de "La marsellesa" resonaban en mi cabeza. Cuando empecé a escribir, mis ideas se convirtieron en una canción corta:

Viva nuestra *alma mater*,
viva el Colegio Regional.
Lucharemos por el bien, el amor, la libertad;
amaremos el saber, el valor y la verdad.
Llevaremos cual pendón la bandera del honor
del Colegio Regional.
Viva nuestra *alma mater*,
viva el Colegio Regional.

Después de que el Colegio Regional aprobara el uso de la canción como nuestro himno, lo cantamos en voz alta mientras viajábamos en autobuses escolares hacia los juegos que se celebraban en San Juan.

EVENTOS Y RETIROS

Durante este periodo, continué mi participación en el grupo juvenil de la iglesia bautista y fui elegido presidente del distrito Centro. Organizamos eventos en diferentes iglesias y retiros religiosos en un centro de conferencias en la ciudad montañosa de Cayey.

Yo ayudaba a planificar los retiros con nuestras consejeras juveniles, Petra Urbina e Irma Violeta Cruz. Mis responsabilidades incluían ayudar a buscar lugares para nuestros retiros, hacer sugerencias para el programa de cada uno y promocionarlos entre nuestros jóvenes bautistas. Aunque yo nunca había organizado eventos como estos, mi experiencia previa como presidente de clases graduandas me dio la confianza necesaria para estas nuevas tareas.

En una ocasión, invitamos a un cuarteto muy conocido a cantar en un retiro. Para nuestra decepción, no pudieron asistir. No queriendo decepcionar a los asistentes, reuní a tres de mis mejores amigos —Neftalí Rivera, su hermano Rubén y Carlos Álamo—, y les sugerí que formáramos un cuarteto. Rubén, que tenía una voz angelical, tomó la iniciativa y me pidió que cantara el bajo. Neftalí y Carlos cantaron el tenor y el barítono. Para nuestro primer ensayo, nos reunimos bajo la sombra de un gran árbol y cantamos la primera estrofa del himno "Firme estaré". El resultado nos sorprendió: ¡nuestras voces armonizaban maravillosamente! Después de cantar el himno varias veces, añadimos un par de himnos más. Practicamos los tres himnos durante una hora para asegurarnos de que estábamos listos. Ser testigo de lo bien que armonizábamos me dio una sensación de logro y satisfacción.

Tras nuestro exitoso debut en el retiro, nos reunimos los sábados por la tarde, durante seis meses, para ensayar y aprender nuevos himnos. Ya éramos buenos amigos antes de formar el cuarteto, pero los ensayos reforzaron aún más nuestra amistad. Nuestro cariño y apego mutuo crecieron. Nuestra reputación también creció, y recibimos invitaciones para cantar en otras iglesias. Me sorprendió mucho nuestra notoriedad repentina, ya que solo llevábamos menos de un año practicando.

COMPLETO Y SUPERADO

El ROTC es un programa universitario a nivel nacional que prepara a los estudiantes para convertirse en oficiales del Ejército. Los estudiantes toman cursos militares, reciben formación en liderazgo y obtienen becas. Es una clase universitaria regular que puede contar como créditos para que un estudiante pueda graduarse. En Humacao, el ROTC ocupaba una parte considerable de mi tiempo.

Nuestro programa del ROTC tenía dos fases: el curso básico y el curso avanzado. El curso básico se impartía en Humacao, y el avanzado, en Río Piedras. Cada fase duraba dos años. Pasar a la segunda fase era muy competitivo, ya que se basaba en los resultados académicos, el liderazgo demostrado y entrevistas formales con nuestros instructores. Mi trayectoria en estas áreas fue fundamental para mi selección. Al final de mi segundo año, fui seleccionado para asistir al curso avanzado. ¡Estaba eufórico! Ser elegido validaba mis habilidades de liderazgo y me hacía sentir muy orgulloso. Mudarme a Río Piedras para continuar mis estudios no fue fácil. Dejé atrás las comodidades de una habitación privada en la casa de Tío Deco y tuve que mudarme a un hospedaje con otros 20 estudiantes.

Había otras diferencias. Aproximadamente 267 estudiantes asistían al campus de Humacao, mientras que Río Piedras tenía alrededor de 26,000 alumnos. El campus de Humacao era pequeño, ocupaba tres manzanas. El campus de Río Piedras era enorme, se extendía sobre más de 200 acres. Me sentía perdido, fuera de lugar y solo. Me tomó un par de meses adaptarme completamente y sentirme cómodo en mi nuevo entorno.

En Río Piedras, los cadetes del ROTC asumimos diferentes roles y responsabilidades designados por nuestros instructores. Yo era responsable del periódico del Cuerpo de Cadetes (artículos, fotos y edición). Además, coordinaba la participación de la banda de la Guardia Nacional de Puerto Rico en nuestros desfiles militares.

Una de las ventajas de unirme al ROTC era la oportunidad de ser comisionado como oficial del Ejército tras graduarme de la universidad. Mi objetivo era obtener mi comisión y servir en el Ejército para mejorar mis habilidades de liderazgo, obtener seguridad económica y viajar. Yo tenía pensado servir durante dos años solamente, para después volver a Puerto Rico a estudiar Derecho y reincorporarme a mis actividades en la iglesia.

Para obtener la comisión, también teníamos que completar con éxito un campamento de verano obligatorio en Fort Bragg, Carolina del Norte. Para prepararnos para el campamento, nuestros instructores organizaron un precampamento de dos semanas en el Campamento Santiago, una instalación militar árida, desolada y calurosa en el sur de Puerto Rico.

En junio de 1966, unos 25 cadetes del ROTC viajamos desde Puerto Rico a Fort Bragg en un avión militar. El interior del avión era frío, ruidoso e incómodo. Nos sentamos en asientos laterales y poco acojinados, uno frente al otro. Era mi primer viaje al continente, y estaba emocionado. También estaba nervioso porque teníamos muy poca información acerca del campamento. No teníamos información acerca del programa de actividades y no sabíamos qué esperar. Pronto lo descubriríamos.

El campamento de verano era un agotador programa de entrenamiento de dos meses en el que nos trataban como reclutas del Ejército. Los días eran largos, y el entrenamiento, intenso. Un sargento nos despertaba a las 5 de la madrugada gritando y golpeando un cubo de basura con un palo de madera. Quince minutos más tarde, teníamos que salir corriendo para hacer una hora de entrenamiento físico.

Recorríamos caminos polvorientos para recibir entrenamiento táctico al aire libre, disparar las armas que nos asignaban y aprender maniobras militares. No se nos permitía caminar durante las horas de entrenamiento, ¡teníamos que correr! Las luces de los dormitorios se apagaban a las 10 de la noche, y se cumplía estrictamente. ¡Los días eran muy largos!

Las posiciones de liderazgo rotaban diariamente entre los cadetes. Podías ser asignado para dirigir una escuadra (10 cadetes), un pelotón (3 escuadras, que serían 30 cadetes) o una compañía (3 pelotones, que serían 90 cadetes). Cuando llegaba tu turno, tenías que estar listo para actuar.

Por desgracia, mi turno llegó durante un agotador ejercicio de entrenamiento de tres días. Tuve que dirigir a mi pelotón de 30 cadetes a través de diversas situaciones tácticas en condiciones de combate simulado. En una ocasión, ordené a mi pelotón que cavara trincheras para protegernos del fuego enemigo simulado. Dormimos en las trincheras toda la noche, haciendo turnos para vigilar nuestras posiciones.

El ruido constante, el miedo a lo desconocido y la falta de sueño aumentaban nuestro estrés. Habíamos recibido un buen entrenamiento, así que me sentí seguro y actué de forma automática durante el ejercicio. A pesar de la tensión y los retos, los evaluadores elogiaron mi capacidad de organización y mi calma bajo presión. Al final del campamento, que fue muy duro tanto física como mentalmente, había completado con éxito todos los requisitos y superado todos los obstáculos.

El vuelo de regreso a Puerto Rico fue corto en comparación. Todos estábamos emocionados por volver a casa y pasamos el tiempo en el avión militar jugando al dominó y compartiendo historias del campamento.

Como cadete graduado del campamento avanzado del ROTC, tenía la obligación contractual de alistarme en el Ejército inmediatamente después de terminar la universidad. Eso requería mudarme de Puerto Rico al continente, así que decidí regresar a casa por mi último año de estudios para pasar más tiempo con mis padres antes de partir de la isla.

Para cubrir mis gastos de viaje a la universidad, conseguí un trabajo a tiempo parcial en la biblioteca. El trabajo pagaba 50 centavos la hora, y yo trabajaba cuarenta horas al mes. Sumado a los 37 dólares mensuales que recibía por ser estudiante avanzado del ROTC, ganaba dinero suficiente para cubrir mis gastos de viaje mensuales.

Mudarme a casa fue una mala decisión. Los ejercicios del ROTC se realizaban los martes y jueves a las 3 de la tarde y terminaban, dos horas después, a las 5. Yo iba y venía de San Lorenzo en transporte público, y nunca llegaba a casa antes de las 9 de la noche. Los días de clase, caminaba varias manzanas desde la universidad hasta la plaza pública de Río Piedras, cogía un autobús a Caguas y hacía transbordo a otro autobús que me llevaba a San Lorenzo.

A veces llegaba demasiado tarde a Caguas para coger el último autobús a casa, así que caminaba varias manzanas hasta la carretera hacia San Lorenzo con la esperanza de que alguien me llevara. Pasaba un promedio de seis horas al día viajando. Cuando llegaba a casa, siempre estaba agotado. En cuanto entraba por la puerta, me derrumbaba en el sofá. Mi mamá recalentaba la cena mientras yo me bañaba rápidamente. En poco tiempo, se hacía la hora de irme a la cama y empezar todo de nuevo.

Como futuro oficial del Ejército, tenía que elegir tres opciones para mi especialidad militar un mes antes de graduarme. De entre ellas, el Ejército seleccionaría la que yo debía seguir. Elegí el Cuerpo de Servicios Médicos (mi primera opción), Inteligencia Militar (segunda) y Artillería (tercera).

Elegí el Cuerpo de Servicios Médicos (MSC por sus siglas en inglés) porque me abriría las puertas a puestos de trabajo en el campo de la salud. También pensé que mi formación en ciencias encajaría mejor con el servicio en el sistema de salud del Ejército. Después de semanas de ansiosa espera, me asignaron mi primera opción. También recibí instrucciones por escrito para presentarme a Fort Sam Houston, Texas, para asistir al Curso Básico en Liderazgo para Oficiales, donde aprendería las destrezas básicas que se requieren de un oficial del Ejército.

Estaba muy contento con que me asignaran a Fort Sam Houston. Texas me parecía un buen lugar para comenzar el siguiente capítulo de mi vida como soldado en el Ejército.

Cuando llegó el día de mi graduación, el 9 de julio de 1966, vestí con orgullo mi flamante uniforme del Ejército durante la ceremonia. Los años de trabajo duro, dedicación y sacrificio valieron la pena. Los muchos sacrificios que mis padres habían hecho por mí finalmente dieron sus frutos. Yo era el primer miembro de mi familia en graduarse de la universidad. También era el primero en recibir una comisión como oficial en el Ejército.

Yo estaba muy emocionado y agradecido por las muchas bendiciones que se me habían concedido, pero también estaba nervioso por lo que me depararía el futuro.

CAPÍTULO 4

INGRESANDO AL EJÉRCITO

U N PAR DE HORAS ANTES DE MI CEREMONIA DE GRADUACIÓN, el 9 de julio de 1966, recibí mi comisión como segundo teniente del Ejército de los Estados Unidos. Me acompañaron oficiales superiores del Ejército, mis instructores del ROTC y familiares, incluyendo mis padres y mi hermano Elías. Como era costumbre que los familiares prendieran las brillantes barras doradas en el uniforme del cadete, mis padres y yo ensayamos en casa el día anterior a la ceremonia.

A mi papá le impresionó mucho la ceremonia. Él amaba los Estados Unidos y siempre me inculcó los valores fundamentales de nuestra nación: libertad, igualdad y justicia. Tener un hijo con el rango de oficial en el Ejército de los Estados Unidos era motivo de gran orgullo para él.

Durante la ceremonia, yo no podía dejar de pensar en los sacrificios que habían hecho mis padres: mi papá trabajando como jardinero durante los fines de semana para que yo pudiera tener dinero extra para mis gastos, y mi mamá lavando, almidonando y planchando mis uniformes del ROTC para que yo luciera lo mejor posible. Recordé los esfuerzos de mis padres por proporcionarme un entorno hogareño seguro, disciplinado y cariñoso; las frecuentes visitas de mi papá a la escuela para comprobar mis notas, y su apoyo incondicional cuando fui líder de las clases graduandas.

Siete días más tarde, partí de mi pueblo natal rumbo al aeropuerto internacional de San Juan. Aún recuerdo a mi mamá, de pie junto a una ventana que daba a la calle, observando mientras colocaba mi maleta en el auto que me llevaría al aeropuerto. Al partir, miré hacia atrás y noté que sus ojos estaban empañados y su rostro mostraba mucha tristeza. Cuando yo era joven, no comprendía el dolor que se siente al uno despedirse de un hijo o una hija. No comprendí ese sentimiento hasta que tuve mis propios hijos.

Imagen 11. Los padres del autor, Juan Lozada y Clotilde Pereira, colocándole las insignias de segundo teniente.

Al llegar al aeropuerto, conocí a otros cinco jóvenes puertorriqueños que habían recibido sus comisiones del Ejército y viajaban a San Antonio. Tres de ellos eran enfermeros y dos, como yo, oficiales del Cuerpo de Servicios Médicos (MSC). Aunque ellos eran desconocidos para mí, me reconfortó el hecho de que también iban a Fort Sam Houston para asistir al Curso Básico en Liderazgo para Oficiales. Después de un retraso de doce horas, llegamos exhaustos a San Antonio a la media noche. A nuestro arribo, sentimos el calor agobiante de Texas cuando se abrieron las puertas del avión.

En el Cuartel General de Fort Sam Houston, nos presentamos ante el oficial a cargo, quien nos dirigió al dormitorio de los oficiales solteros (BOQ, por sus siglas en inglés), situado a cuatro manzanas. Cogimos nuestras maletas y salimos rápidamente, con la esperanza de encontrar una cama cómoda al otro lado.

Dos de mis compañeros de viaje, Ángel Luis Olivieri y José "Tato" Miranda, compartieron un apartamento de tres habitaciones sin aire acondicionado conmigo. Al tercero, Víctor Valdés, se le asignó su propio apartamento de una habitación. Los apartamentos estaban escasamente amueblados; solo tenían lo básico: camas, sofás y mesas de comedor. Dos grandes ventiladores eléctricos movían el aire, pero no ayudaban a mitigar el agobiante calor del verano.

Al día siguiente, un domingo, nos despertamos hambrientos. Sin saber hacia dónde ir, caminamos sin rumbo con la esperanza de encontrar un lugar en donde comer algo.

Caminamos frente a prados verdes, edificios históricos y el Club de Oficiales. Cuando nos acercamos a la Iglesia Bautista del Calvario, en la calle New Braunfels, el pastor nos vio e inmediatamente salió para invitarnos al culto. Avergonzado, le dije: "Pastor, agradecemos su invitación, pero somos cuatro hambrientos oficiales del Ejército, nuevos en esta ciudad y necesitamos un lugar donde comer". Nos dirigió a la vuelta de la esquina, al restaurante Earl Abel's.

Era el mediodía cuando llegamos al restaurante, exhaustos y hambrientos. Todas las mesas estaban ocupadas en aquel restaurante tan popular, uno de los favoritos entre las personas mayores. Tras una corta espera, nos sentaron. El aroma a café caliente y tocineta frita llegó hasta nuestra mesa y nos dio más hambre. Pedimos los desayunos más grandes del menú y comimos hasta saciarnos.

Durante el desayuno, nos conocimos mejor, hablamos de nuestras familias en Puerto Rico y nos preguntamos cómo sería nuestro primer día en el Curso Básico. Fue nuestra última comida juntos antes de sumergirnos en nuestra nueva vida como oficiales del Ejército.

El lunes, a las 7 de la mañana, comencé el Curso Básico. Consistía en un programa de entrenamiento de ocho semanas e incluía desde costumbres y tradiciones del Ejército hasta tácticas y desplazamientos de unidades médicas durante una guerra. Como los Estados Unidos estaban implicados en la Guerra de Vietnam, nuestro entrenamiento incluía la historia, las costumbres y las tradiciones de los vietnamitas; el trasfondo político de la guerra, y una visita a una aldea vietnamita simulada. También aprendimos sobre medicina de campo y practicamos el uso de helicópteros del Ejército para la evacuación de víctimas de guerra.

Los ritmos musicales de una banda militar dieron la bienvenida a 400 nuevos oficiales, y nos reunimos en el cuadrángulo de la Escuela de Servicios Médicos de Campaña (MFSS, por sus siglas en inglés). En el cuadrángulo se ubicaban las aulas, las oficinas administrativas de la escuela, el Club de Oficiales y un comedor. Entre los nuevos oficiales había médicos, oficiales de enfermería, especialistas médicos y oficiales del MSC.

Los que, como yo, se habían graduado del ROTC o tenían alguna experiencia militar previa podían seguir las distintas órdenes e instrucciones militares. Sin embargo, para los que habían sido comisionados sin ninguna formación militar, la cosa era diferente. Resultaba cómico ver cómo algunas de las formaciones de oficiales recibían una orden, y la mitad de ellos giraba a la derecha y la otra mitad a la izquierda, tropezándose unos con otros.

Tras algunas instrucciones iniciales, empezamos nuestros trámites administrativos llenando múltiples formularios y cuestionarios que requerían información personal. Dos de los documentos que teníamos que completar eran un testamento y un poder notarial, lo que ponía de manifiesto la seriedad y el sacrificio potencial de la carrera militar que habíamos elegido. Luego nos llevaron a un sótano para recoger una caja pesada de libros militares. Después, en formación militar, marchamos al teatro para continuar nuestra orientación.

Por la tarde, empezamos el acondicionamiento físico en un campo frente al MFSS. Un psicólogo (con rango de primer teniente, pero sin experiencia militar previa) fue asignado para dirigir nuestro pelotón. Era una persona de voz suave que se tomaba muy en serio su trabajo. Se colocó en una posición que demandaba atención, delante de nuestra formación, para darnos una charla sobre los peligros de las altas temperaturas en Texas, la necesidad de hidratarse bien, y las distintas enfermedades y aflicciones causadas por el calor.

Yo me coloqué en la primera escuadra, delante en la formación. Mientras él hablaba, su voz se convertía en un susurro, su rostro palidecía, y sus piernas flaqueaban. De repente, puso los ojos en blanco y se desplomó en el suelo sin decir palabra.

Me quedé petrificado al verlo caer como un saco de papas y temí que le hubiera ocurrido algo terrible. Tres de nosotros nos adelantamos para llevarlo a la sombra y darle agua de nuestras cantimploras. Después de descansar y refrescarse durante cuarenta y cinco minutos, se recuperó y se reincorporó a nuestro pelotón. ¡Nuestro recién nombrado líder se había convertido en la primera baja a causa del calor durante nuestro primer día de entrenamiento físico!

Después de ocho semanas de conferencias, acondicionamiento físico diario y ejercicios de entrenamiento de campo, completamos nuestro Curso Básico. Me sentí aliviado de que nuestro entrenamiento hubiera terminado y esperé con impaciencia mi primer trabajo en el Ejército.

Nuestra graduación se celebró en el teatro de Fort Sam. Marché hacia el teatro con el resto de mis compañeros oficiales al son de las melodías de una banda del Ejército. Me sentí muy orgulloso y realizado al recibir mi diploma de graduación. También estaba emocionado porque pronto me embarcaría en una nueva y estimulante aventura: mi primer trabajo en el Ejército.

A Tato y a mí nos asignaron al Centro de Entrenamiento Médico del Ejército (MTC, por sus siglas en inglés) y a Ángel Luis al Centro Médico Brooke del Ejército (Brooke Army Medical Center) en Fort Sam. Yo estaba muy contento con la unidad que me asignaron porque el MTC ofrecía excelentes oportunidades de liderazgo a los oficiales jóvenes. Estas oportunidades me convertirían en un mejor oficial y mejorarían mi expediente militar. Además, no tenía que mudarme de Fort Sam. Me gustaba el ambiente hispano de San Antonio, y quedarme en Fort Sam haría que mi adaptación a mi nueva vida en el Ejército fuera mucho más fácil.

Mis amigos y yo ya no éramos estudiantes, así que tuvimos que desocupar el BOQ y buscar un apartamento. Nos decidimos por los apartamentos "Bel Meade", al otro lado de la calle de Fort Sam. Podíamos ir caminando al trabajo, a las tiendas militares, al teatro de Fort Sam y al Club de Oficiales.

El alquiler del apartamento, sin incluir los servicios de agua y electricidad, era de 90 dólares al mes. Con una paga militar mensual de 300 dólares cada uno, podíamos pagar la renta.

El apartamento no incluía lavadora ni secadora, así que usábamos una lavandería común en uno de los edificios de Bel Meade. Tampoco tenía aire acondicionado; utilizábamos unos "enfriadores de agua" colocados en las ventanas. Los enfriadores eran cajas que contenían un ventilador y un tanque de agua. El aire entraba a la caja, pasaba por el agua y, supuestamente, lo enfriaba. No funcionaban como estaba previsto, pero a nosotros eso no nos causó ningún inconveniente, ya que, en Puerto Rico, nunca tuvimos aire acondicionado en nuestros hogares.

Nuestro apartamento tenía un solo dormitorio, así que le añadimos una pequeña cama plegable con ruedas y utilizamos el sofá de la sala como la tercera cama. Acordamos rotar entre las camas y el sofá. A mí me tocó preparar una lista para la rotación mensual. Ángel Luis trabajaba en el turno de la noche en el hospital, así que nuestro acuerdo funcionó bien; durante la semana, solo éramos dos en el apartamento por la noche.

Yo me convertí en la conciencia y brújula moral de mis compañeros. Antes de que salieran a disfrutar de actividades sociales, les recordaba que eran oficiales del Ejército y que debían comportarse como tales. Para mí, ser un oficial significaba más que un rango militar. Representaba mantener unos niveles más altos de conducta personal y ser buenos modelos. Uno de los principios de liderazgo que aprendimos fue "Da el ejemplo" (*Set the example*). Como oficiales, debíamos respetar a los demás, mantener un nivel moral alto y evitar cualquier acción que pudiera comprometer nuestra integridad.

El 9 de septiembre, con mucha emoción y expectativas, viajé en autobús a mi primer trabajo militar como oficial de Adiestramiento en la Compañía A, 2.° Batallón del MTC. La unidad preparaba soldados para convertirse en camilleros del Ejército. Entre mis tareas principales estaba la de funcionar como un auxiliar principal del oficial ejecutivo de una unidad de entrenamiento. También tenía que trabajar en estrecha colaboración con los suboficiales (sargentos), supervisar las formaciones de los soldados, impartir varias clases y sustituir al oficial ejecutivo en su ausencia.

Cuando llegué a la compañía, yo estaba muy contento y animado. Un cartel de madera, colocado frente al edificio de la compañía y con las fotos de los máximos líderes de la unidad, me dio la bienvenida. Los líderes eran el comandante de la compañía —el Capitán Ricardo Alba— y el Primer Sargento Walter Mazur.

Cuando me fijé en el nombre del capitán, di gracias a Dios por haberme dado un jefe hispano. Pensé que un comandante hispano sería más paciente y comprensivo. Entré al edificio y me reporté a la oficina del Capitán Alba. Su mirada perdida en el espacio y su falta de expresión facial me produjeron escalofríos. Tras una breve presentación, me preguntó si tenía alguna pregunta. Sin saber qué responder, le pregunté: "Señor, ¿a qué hora comienza el trabajo por la mañana?".

Sin sonreír, ni mirarme a los ojos, me dijo: "Teniente, nosotros comenzamos el entrenamiento físico a las 5:30 de la mañana, por si acaso usted desea unirse. ¿Alguna pregunta más?".

Le dije que no y rápidamente salí de su oficina. ¡Demasiada suerte la mía de tener a un hispano "simpático y expresivo" como mi primer jefe!

Cuando salí, un sargento delgado y con voz atronadora me dijo: "Teniente, bienvenido a la Compañía A; ¡es un placer tenerlo a bordo!". La voz de bienvenida pertenecía al Primer Sargento Mazur, uno de los sargentos más eficientes del MTC. Tras su cálida bienvenida, me presentó a otros sargentos y me enseñó el edificio.

Mazur me impresionó. Era un gran conocedor de las normas del Ejército, y los demás sargentos lo trataban con gran respeto y deferencia. Después de darle las gracias por enseñarme el edificio, el primer sargento me dijo: "Teniente, supongo que mañana por la mañana usted se unirá a nosotros para el entrenamiento físico".

Cuando le dije que sí, continuó: "¡Genial! No sé si usted sabe que el Capitán Alba fue un consumado jugador de fútbol americano en la universidad, y él y yo tenemos una competencia sobre quién puede hacer más *push-ups*. Espero que usted pueda unirse a nosotros". Y, con una sonrisa maquiavélica, se dio la vuelta y regresó a su escritorio.

Yo me quedé de pie, pensando que mi primer día, en mi primer trabajo en el Ejército, no había ido según lo previsto. Empecé a preocuparme.

Una de las muchas cualidades que distinguían al Primer Sargento Mazur de los demás eran las correcciones que hacía. Un día, yo estaba hablando por teléfono en español con mi amigo Tato. Al oírme, el primer sargento me gritó: "Teniente Lozada, usted está en el Ejército de los Estados Unidos, ¡hable inglés!". Continué mi conversación, pero en inglés.

Durante el otoño, las temperaturas en San Antonio bajaban de los 90 a los 60 °F (32 a 15 °C). Para alguien que había vivido en el trópico toda su vida y que odiaba el frío, era un cambio drástico.

Una mañana, yo estaba de pie con mi uniforme de verano, titiritando fuera del edificio mientras veía a nuestros soldados marchar hacia sus salones de clases. El Sargento Birdsong, uno de nuestros sargentos más veteranos, me preguntó si me encontraba bien. Le dije que sí, pero que hacía demasiado frío. Me preguntó si tenía un abrigo militar (*field jacket*). Yo no contaba con uno porque, en mi opinión, el otoño era demasiado temprano para comprarlo.

Dos horas más tarde, Birdsong entró en nuestro edificio con un abrigo militar para mí. Le pregunté dónde lo había encontrado y me dijo:

Teniente, después de haberlo visto titiritando, me dirigí a las barracas y, de repente, un jefe indio que llevaba unas hermosas plumas en su indumentaria salió de detrás de un árbol con este abrigo y me dijo: "Birdsong, apuesto a que hay un teniente en tu unidad que necesita esto, ¡llévaselo!".

No sabía qué pensar de la historia del jefe indio. Demasiado confundido como para preguntarle a Birdsong, entré más tarde en la oficina del Primer Sargento Mazur y le pregunté al respecto. "Esa historia significa algo importante: nunca le pregunte a un sargento de dónde ha sacado algo", respondió Mazur.

74

Aprendí una gran lección. Los sargentos se enorgullecen en "hacer que las cosas sucedan", así que, como joven oficial, yo tenía que confiar en ellos. El MTC tenía algunos personajes únicos. Uno de ellos era nuestro comandante de batallón (el jefe del Capitán Alba), un teniente coronel con un profundo acento tejano al que no le caían bien los oficiales de bajo rango.

Por alguna razón, el teniente coronel no soportaba las flores marchitas y se paseaba revisando los jardines y las plantas en cada unidad. Cuando encontraba una flor marchita, maldecía y se enojaba mucho. En una ocasión, reprendió verbalmente a un capitán por tener rosas marchitas cerca de su oficina.

Unos días más tarde, yo caminaba por la acera cuando el teniente coronel se me acercó. Lo saludé: "¡Buenos días, señor!". Me miró agitado y me dijo: "Teniente, preséntese en mi oficina dentro de diez minutos".

Me puse nervioso al escuchar esa orden, porque no sabía qué iba a hacer él cuando me presentara en su oficina. Cinco minutos más tarde, entré a su despacho. Me rodeó como un toro furioso mientras me sermoneaba sobre la importancia del saludo militar.

Me pidió que lo volviera a saludar. Mientras me mantenía en posición de atención, criticó todo lo relacionado a mi postura militar. Luego, me susurró: "Salude veinte veces". Entonces, saludé veinte veces y me detuve, todavía en posición de atención. "¿Eso es todo, señor?", pregunté. Me respondió: "Eso es todo, teniente. Puede retirarse".

Me di la vuelta y salí corriendo de su despacho. Aunque yo tenía motivos para estar enfadado y sentirme ofendido, en lugar de hacer eso, busqué la manera de mejorar mi saludo militar. De esta desagradable experiencia al principio de mi carrera militar también aprendí cómo no tratar a quienes estuvieran bajo mis órdenes.

Dos semanas después, conocí al Coronel Arthur Edward Britt, el oficial ejecutivo del MTC. Era un oficial en excelente forma física e iba siempre impecablemente vestido, sin una arruga en su uniforme muy almidonado.

El Coronel Britt siempre escuchaba atentamente. Fijando sus profundos ojos azules, hacía que uno se sintiera como la persona más importante del mundo. Hablaba en voz baja, pero con tal autoridad que uno no podía evitar quedarse hipnotizado. En una ocasión, después de un desfile militar, el coronel nos dijo lo mucho que nos valoraba. También expresó lo mucho que apreciaba el gran trabajo que hacíamos. Nos animó a seguir cuidando de nuestros soldados y a equilibrar nuestra vida personal y familiar con las responsabilidades del Ejército.

Siempre quise emular al Coronel Britt. Su liderazgo me inspiró para siempre lucir el mejor uniforme, ser un oyente activo y cuidar bien a mis soldados.

Deberes

En la Compañía A, manteníamos un ritmo frenético, trabajando seis días a la semana. Los sábados los dedicábamos a los desfiles militares, la distribución del correo a los soldados, la tutoría a los soldados que se habían quedado rezagados, la limpieza de las barracas y la jardinería. De lunes a viernes, yo inspeccionaba las barracas y las áreas comunes de unos 200 soldados cada mañana a las 6.

Como agente clase A (oficial encargado de pagarle a los soldados), recogía la nómina en la Oficina de Finanzas y Contabilidad de Fort Sam y le pagaba a cada soldado en efectivo a final de mes. Para esta importante tarea, llevaba una pistola cargada, de calibre 45.

En la Oficina de Finanzas y Contabilidad, recibía una cantidad considerable de dinero y una declaración que certificaba que la cantidad que me habían dado era correcta. La declaración también indicaba que yo era responsable del dinero, así como de cualquier discrepancia encontrada una vez que abandonara el edificio. Yo nunca firmé la declaración sin contar el dinero al menos tres veces.

Además, era oficial de la Guardia una vez al mes (un trabajo que me obligaba a pasar la noche en vela para supervisar a un grupo de soldados que vigilaban los edificios clave de Fort Sam), consejero de la defensa (asesorando a los soldados durante sus cortes marciales) y oficial de Decoración navideña del batallón (ideaba un tema navideño, conseguía los adornos y supervisaba su montaje).

Ser oficial de Decoración navideña era el peor trabajo del MTC porque el oficial seleccionado era el último al que se le permitía irse de vacaciones durante el periodo navideño. Yo despreciaba mucho este trabajo.

Algunas tradiciones del MTC también ocupaban mi tiempo. El Día de Acción de Gracias, los oficiales teníamos que cenar con los soldados en el comedor, vistiendo nuestro uniforme de gala azul. La asistencia de los oficiales era obligatoria. También teníamos que asistir a los eventos deportivos y a los concursos de talentos musicales en los que participaban nuestras unidades. Como mi unidad siempre participaba en ambos eventos, mi horario de trabajo se extendía de 5 de la mañana a 9 de la noche, de lunes a viernes. Además, los oficiales también teníamos que asistir a los viernes sociales en el Club de Oficiales. ¡Yo tenía todas estas responsabilidades y funciones importantes a los veintidós años!

Imagen 12. El autor, frente a la Compañía A, 2.º Batallón del MTC, listo para pagarle a sus soldados.

Como oficiales del Ejército, se nos evaluaba anualmente mediante un "Reporte de Eficiencia de Oficiales" (OER, por sus siglas en inglés). Trabajé muy duro durante los primeros meses de mi carrera militar y fui recompensado con un excelente reporte que decía:

El Teniente Lozada es un joven oficial excepcional. Ha manejado sus responsabilidades de una manera altamente excepcional, buscando constantemente mejorar aún más las actividades de esta unidad.

El Teniente Lozada ha demostrado ser el tipo de oficial que se esfuerza continuamente por encontrar una solución a un problema, independientemente de los obstáculos que se presenten. Ha trabajado diligentemente para reducir el número de fracasos en las pruebas didácticas del personal. En este momento, sus esfuerzos son dignos de elogio debido a los excelentes resultados obtenidos. Ha contribuido enormemente a la unidad esforzándose continuamente por mantener niveles de excelencia altos en la apariencia de los soldados. No se conforma con menos que la perfección en cada fase del entrenamiento de la unidad.

El Teniente Lozada puede ser un tremendo activo para el Ejército de los Estados Unidos, con la capacidad de ser un destacado oficial de carrera, si decide permanecer en el servicio militar.[1]

El 21 de marzo de 1967, fui transferido a la Compañía C del 2.º Batallón para asumir el rol de oficial ejecutivo. Este traslado era considerado un ascenso en reconocimiento a mi excelente rendimiento en la Compañía A. Como oficial ejecutivo, yo era el segundo oficial al mando de una unidad que contaba con 400 soldados. También sustituía al comandante durante su ausencia.

Cuatro meses después, el 9 de julio de 1967, me ascendieron a primer teniente, lo que incluía mi primer aumento de sueldo y no tener que realizar las onerosas tareas asignadas a los segundos tenientes. Vistiendo mi uniforme muy almidonado, no podía dejar de sonreír durante mi ascenso.

Mi nuevo jefe era un capitán que llevaba un año más que yo en el Ejército. Me dio rienda suelta para hacer mi trabajo y me permitió supervisar a un segundo teniente como lo considerara oportuno. Me invitó a cenar a su casa varias veces, lo que me brindó la oportunidad de relacionarme mejor con él y con su encantadora esposa.

Imagen 13. Ascenso del autor a primer teniente.

MEJORANDO MI INGLÉS

Unos meses después de mi traslado a la Compañía C, el capitán me dijo que, aunque yo era un oficial excelente y con un gran potencial, necesitaba mejorar mi inglés. Un poco molesto, le conté la conversación a mi amigo Allan Miller. Allan admitió que él quería mejorar el español que había aprendido durante sus estudios de escuela superior.

Acordamos ayudarnos mutuamente. En el trabajo, cada vez que me equivocaba en inglés, Allan me guiñaba un ojo, señal de que lo viera en privado para corregir mi error. También me enseñó palabras y frases nuevas. Para corresponderle, yo visitaba su casa los fines de semana y pasaba un par de horas con él hablando en español y corrigiendo su pronunciación.

Para seguir mejorando mi inglés, me compré una grabadora y me grababa leyendo artículos de los periódicos locales; luego escuchaba las grabaciones. También me inscribí en un curso en el MTC llamado "Métodos de Instrucción". El curso, destinado a instructores, desarrollaba la confianza y mejoraba las dotes de oratoria. Yo era el único oficial inscrito en el curso, pero eso no me preocupaba.

En casa, veía los programas de televisión en inglés en vez de en español. Lo mismo ocurría con el cine. En San Antonio había un excelente teatro que proyectaba películas en español. No obstante, siempre que podía, iba al teatro de Fort Sam a ver películas en inglés. En tres meses, mi inglés mejoró notablemente.

Un año después de mudarnos al apartamento, nuestras condiciones de vida cambiaron. Tato se casó y se mudó a una casa en Fort Sam. Dos meses más tarde, Ángel Luis también se casó y se mudó a un apartamento en San Antonio. Ahora yo tenía el apartamento para mí solo.

Poco después, conocí a una joven de Houston y me enamoré. Cuando la conocí, ella estaba visitando a su tía, una empleada de la Oficina de Personal del MTC. Tras seis meses de noviazgo y compromiso, nos casamos en la capilla de Fort Sam y nos mudamos a un apartamento cerca de la base militar.

Casarse con un oficial del ejército suponía retos importantes para mi joven esposa. Tendría que adaptarse a las exigencias de la vida militar y soportar los frecuentes traslados y la soledad que conllevaría mis prolongadas ausencias debido a mis compromisos con el Ejercito. A pesar de estos obstáculos, mi esposa me brindó un apoyo inquebrantable durante mi estresante trabajo en el MTC.

Rápidamente ella se familiarizó con las costumbres, tradiciones y protocolos del Ejército. Su participación en el Club de Esposas de Oficiales la ayudó a conectarse con nuestra comunidad militar. Su capacidad de adaptación se extendió a nuestra vida familiar, donde ayudó a fomentar un ambiente de paz y satisfacción en nuestro matrimonio.

Aunque mi trabajo consistía en supervisar y ayudar a un segundo teniente y a los sargentos de nuestra unidad, había veces en que ellos me ayudaban a mí tanto como yo a ellos. Una mañana, el capitán recibió una carta de un banco local quejándose de que uno de nuestros sargentos había firmado varios cheques sin tener los fondos suficientes en su cuenta. Yo había conocido al sargento cuando llegué a la Compañía C y hablaba con él a menudo para tratar asuntos relacionados con sus soldados.

Enojado por la carta, el capitán me pidió que le enseñara al sargento a cuadrar su chequera. Después del habitual "Sí, señor", me di cuenta de que yo nunca había tenido una cuenta bancaria, así que ¿cómo podría yo aconsejar al sargento?

Visité el Banco Nacional de Fort Sam Houston para pedir ayuda. Le expliqué mi situación a una de las cajeras, y ella me abrió una cuenta. También me enseñó todo sobre la emisión de cheques y el mantenimiento de la cuenta para evitar desbalances.

Al día siguiente, le enseñé al sargento todo lo que había aprendido. Me sentí incómodo, a mis veintitrés años, aconsejando a alguien que me doblaba la edad sobre algo tan personal y privado, pero él me dio las gracias por mi ayuda. El sargento nunca volvió a tener problemas gestionando sus cuentas bancarias. Yo mantuve mi cuenta bancaria y, durante muchos años, el banco me proporcionó sus servicios.

Un par de días después de aconsejar al sargento, el Teniente Coronel Joseph "Joe" R. Territo se convirtió en el comandante de nuestro batallón. Territo se parecía mucho al General George S. Patton y, como él, siempre llevaba un pequeño bastón en la mano y fumaba cigarros.

Poco después de su llegada, nos informó que el cirujano general del Ejército (un general de tres estrellas) iba a visitar el MTC. Era un visitante muy importante, así que Territo nos pidió ideas para impresionarlo. Me acordé de lo bien que funcionaba el *drill team* del ROTC en Humacao y le pedí permiso para organizar uno. Me dio luz verde, siempre y cuando los soldados participantes no faltaran a su entrenamiento.

Esa tarde, después de entregarle el correo a los soldados, pedí voluntarios. Les dije que quería los soldados con mejor apariencia militar. También les indiqué que tenían que comprometerse a practicar todos los días laborables después de cenar. Al día siguiente, 30 soldados se apuntaron.

Seleccioné a 24, basándome en lo bien que vestían el uniforme. Coordiné con la sección de suministros del MTC y conseguí que vistieran uniformes caqui, un *ascot* (pañuelo ancho que se coloca en el cuello) del color del Departamento Médico del Ejército y un casco. A continuación, les enseñé las secuencias coreografiadas y los pasos de precisión que realizábamos en el ROTC, así como unos nuevos que aprendí de un manual de *drill teams* que conseguí en la biblioteca de Fort Sam.

Nuestras prácticas fueron todo un éxito; mis soldados aprendieron los pasos y las secuencias rápidamente. Cuando le demostramos nuestra rutina al Teniente Coronel Territo, quedó tan impresionado que incluyó al *drill team* en el itinerario de la visita del cirujano general. Continuamos practicando a diario hasta que nuestras rutinas fueron perfectas.

Cuando el cirujano general nos visitó, empezamos nuestra actuación en cuanto él bajó de su vehículo. Al finalizar, le entregué un casco militar especialmente diseñado para él. Tan pronto como lo aceptó, me sentí aliviado y orgulloso, ya que mis soldados habían realizado sus movimientos de precisión a la perfección.

"Es la primera vez que veo un *drill team* de camilleros del Ejército —dijo el cirujano general—. Este debe ser el único *drill team* del Departamento Médico del Ejército". Al oír esas palabras, sentí gran admiración por los esfuerzos y el compromiso de mis soldados. Ni bien les comuniqué mi orgullo, ¡un fuerte grito de júbilo resonó en la Compañía C!

Esa misma tarde, mientras reflexionaba sobre el éxito de nuestro *drill team*, me vinieron a la mente las enseñanzas de mi mamá. No importaba cuál fuera la tarea, ella siempre daba lo mejor de sí misma. Mi equipo de ejercicios militares había dado lo mejor de sí mismo, con una ejecución impecable. Se habían comprometido a lograr la excelencia y habían dedicado muchas horas para lograr ese objetivo.

¿Un ascenso?

Casi al final de mi compromiso militar de dos años, un oficial de la Oficina de Personal del MTC me llamó para hablar acerca de mi futuro en el Ejército. Me dijo que yo estaba haciendo un trabajo excelente y que, si extendía mi compromiso en el Ejército, me ascenderían a capitán con un aumento de sueldo. Le dije que no estaba seguro de querer hacer carrera en el Ejército y que pensaba volver a Puerto Rico a estudiar Derecho. Por otro lado, yo había hecho un muy buen trabajo y había recibido evaluaciones excelentes.

Ser ascendido a capitán y obtener un aumento de sueldo me atraía, pero había otra cuestión importante para tener en cuenta: mi joven esposa. Ella no hablaba español y sabía muy poco de la cultura puertorriqueña. Mudarnos a Puerto Rico hubiera sido difícil para ella.

Una última consideración era la guerra en Vietnam del Sur, la cual estaba en pleno apogeo y en su peor momento. Al extender mi estadía en el Ejército, corría el riesgo de que me enviaran, aunque eso no me preocupaba. Yo me había entrenado para la guerra y me hubiera encantado tener la oportunidad de aplicar lo que había aprendido en un campo de combate.

Después de pensarlo mucho, decidí extender mi tiempo allí, hacer una carrera en el Ejército y alcanzar el rango de coronel. Una vez tomada la decisión, me invadió un gran sentimiento de tristeza y melancolía. Quedarme en el Ejército significaba no poder ver a mis padres a menudo ni regresar a mis actividades en Puerto Rico.

El 6 de julio de 1968, a los veinticuatro años, el comandante del MTC me ascendió a capitán. Pocos días después de mi ascenso, el Teniente Coronel Territo pidió verme. Caminé rápido hacia su oficina. Con la salida de nuestro comandante de la Compañía C, Territo necesitaba encontrar un sustituto. Masticando su cigarro e inclinándose hacia mí, me dijo: "¿Le gustaría hacerse cargo de la Compañía C?".

Dirigir a 10 sargentos de más edad que yo y ser responsable por unos 260 soldados era una responsabilidad enorme, pero la oferta me entusiasmó. Ofrecerme la posición de comandante de la compañía era un testimonio de mi desempeño hasta la fecha y de la confianza del teniente coronel en mis capacidades. Emocionado, contesté: "Gracias por confiar tanto en mí. Acepto el puesto".

Territo me miró fijamente y me dijo: "Capitán Lozada, el puesto es suyo, pero tenga en cuenta que este trabajo va a ser 'hacerlo bien o morir'. Es decir, si usted no hace un buen trabajo, este podría ser el final de su carrera militar".

Para facilitarme el trabajo, Territo me ofreció cualquier cosa que me pudiera ayudar. Sin pensarlo mucho, le dije: "Quiero al Sargento Candelario como mi primer sargento".

El Sargento Candelario era un miembro clave del personal del teniente coronel. También era de Puerto Rico y había servido en el famoso Regimiento 65 de Infantería durante la Guerra de Corea. Candelario conocía prácticamente a todo el mundo en Fort Sam, era fácil de tratar y persuasivo, y tenía una gran reputación entre los oficiales y sargentos superiores.

El teniente coronel se puso rojo, cerró los ojos y se maldijo por haberme hecho la oferta. Cuando se le pasó el enfado, me dijo que podía quedarme con Candelario.

Aprendiendo en el trabajo

Todas las mañanas, una larga fila de soldados esperaba ansiosamente junto a mi oficina, ya que el día anterior, los soldados habían cometido alguna infracción. En mi calidad de comandante, yo les imponía un castigo administrativo (reclusión en las barracas, tareas adicionales o multas) en función de la infracción.

Cuando el Primer Sargento Candelario se dio cuenta del número de soldados que esperaban a diario para verme y del tiempo que esa tarea implicaba, me propuso una alternativa: él se ocuparía primero de las infracciones leves y luego me remitiría a los reincidentes. Su idea tenía mucho sentido, así que le di permiso para que se hiciera cargo.

La mañana siguiente, escuché a Candelario mientras se ocupaba de uno de los soldados con problemas. Le preguntó qué había pasado y, después de que el soldado, temblando de miedo, confesara su falta, le dijo: "Hijo, ¿entiendes que lo que has hecho está mal?". Luego de que el soldado respondiera afirmativamente, continuó: "Ahora que lo entiendes, me debes dos semanas de cortar la grama". A continuación, le advirtió al soldado que, si reincidía o cometía una falta más grave, me lo remitiría para que yo le impusiera un castigo más severo. Terminó la sesión abriendo un cuaderno verde y anotando el nombre de cada soldado, las infracciones, los castigos y la fecha.

El primer sargento repetía la misma conversación con el resto de los soldados, terminando siempre con "Me debes una semana de cortar la grama" o "Me debes una semana de pintar el interior de las barracas", y así sucesivamente.

Imagen 14. El autor frente a la Compañía C, 2.° Batallón del MTC,
una unidad reconocida por los logros académicos de sus soldados.

Unas semanas después de la llegada de Candelario, teníamos las zonas exteriores y las barracas más atractivas de todo el MTC. Teníamos barracas recién pintadas, rótulos nuevos y jardines bien cuidados, con la grama bien cortada y rosales que florecían libremente. También ahorré horas a la semana en administrar disciplina. Al ocuparse de las infracciones menores, Candelario me dejaba tiempo libre para tareas más importantes, como asesorar a los soldados, entablar relaciones con otros comandantes y orientar a mis sargentos.

Además, el Primer Sargento Candelario fue una bendición por otros motivos. A veces, cuando él se daba cuenta de que yo estaba callado y muy estresado, llamaba a su esposa, la cual era puertorriqueña y le pedía que preparara un almuerzo para "su capitán". Entonces me invitaba a su casa.

Mientras caminábamos hacia su casa, me preguntaba cómo iban las cosas y me daba consejos paternales. Ante un apetitoso plato de arroz con habichuelas (frijoles) y pollo en fricasé, conversábamos sobre nuestras familias en Puerto Rico y otros asuntos no relacionados con el Ejército. El aroma de las especias tropicales y la comida puertorriqueña me recordaban mi hogar en la isla. Para un joven oficial como yo, esos almuerzos eran un verdadero oasis dentro de un ambiente estresante. La continua competencia entre las unidades del MTC era uno de los principales factores de estrés. Se calificaba a las unidades de varias maneras: el aspecto de sus zonas exteriores, el número de medidas disciplinarias aplicadas a los soldados, el número de soldados que aprobaba los exámenes escritos, y su participación en espectáculos deportivos y de talentos musicales. Las unidades que obtenían las puntuaciones más altas eran reconocidas públicamente durante las reuniones mensuales de los oficiales. Reconocimientos como este eran importantes, ya que desempeñaban un rol clave en nuestros reportes de eficiencia.

Mi unidad se destacaba en tres de las cuatro áreas; sin embargo, mis soldados tenían problemas con los exámenes escritos. Tratando de averiguar la raíz del problema, pedí los resultados de los exámenes y me di cuenta de que muchos de nuestros soldados hispanos no los aprobaban. Hablé con algunos de ellos y descubrí que no entendían del todo los términos médicos complicados que se enseñaban en inglés.

Tras discutir el problema con Candelario, establecí un programa de clases nocturnas para los soldados hispanos que necesitaban ayuda adicional. Lo recluté a él, a un sargento hispano y a unos soldados bilingües para que se convirtieran en tutores. Yo también me ofrecí como voluntario.

Al instante, tanto el rendimiento académico de mis soldados hispanos como nuestros resultados académicos mejoraron. En un par de semanas, nuestra unidad tenía el menor número de problemas disciplinarios y el mayor rendimiento académico de todo el batallón.

ESTABLECIENDO RELACIONES

Aprendí el valor de entablar relaciones al principio de mi carrera. Un día, me fijé en una señora muy bien vestida que salía del edificio que albergaba las oficinas del batallón. Me presenté y me sorprendió cuando me dijo: "Mi marido, Joe Territo, me ha hablado muy bien de usted". Inmediatamente, mi conversación se tornó más formal, ya que quería causar una buena impresión. Mientras continuábamos hablando, la señora me preguntó si yo hablaba español. Le dije que sí y le hablé en español acerca de mi vida en Puerto Rico y en Texas. Me escuchó atentamente, con una cálida sonrisa y ojos inquisitivos. Me contó que ella se había trasladado a los Estados Unidos desde España y que ahora no encontraba muchas oportunidades de hablar español. Después de nuestro encuentro inicial, fueron muchas las conversaciones que mantuvimos en nuestro idioma nativo.

Luego de que ella me contara que a su marido le encantaba tomar buen café, preparé un poco de café puertorriqueño y se lo llevé a su oficina. ¡Al teniente coronel le encantó! Después de esa primera degustación, compré una cafetera eléctrica para mi oficina, y tomábamos una taza de café juntos todas las mañanas. De aquellas primeras tazas de café aprendí mucho sobre Territo y el Ejército. También aprendí que desarrollar la confianza y la conexión con los demás podía ser un activo inestimable a medida que avanzaba en el Ejército. Fomentaría un sentimiento de pertenencia y me ayudaría a adaptarme mejor a la vida como soldado.

Un día, nos informaron de que el Coronel Britt iba a ser reasignado. Aunque yo no trabajaba directamente para él, me decepcionó la noticia porque el coronel había sido un gran ejemplo para los jóvenes oficiales del MTC.

El sustituto del Coronel Britt, el Coronel Jack D. "Blackjack" Wallace, era todo lo contrario. Todos temían su temperamento explosivo y sus exigencias. Un día, al visitar las oficinas del Cuartel General del MTC, estacioné mi auto en el espacio contiguo al del Coronel Wallace. Cuando entré en el edificio, el coronel salió de allí mismo con prisa. Unos segundos después, regresó y explotó como una granada: "¡Alguien está estacionado en el espacio reservado para mi auto! ¿Quién es?".

Sabía que no era yo, así que permanecí en mi asiento. Un par de minutos después entró un capitán y, susurrando, se dirigió a mí.

—¿Tú eres el dueño de un Chevelle Malibú azul y blanco?

—Sí, yo soy el dueño.

—El Coronel Wallace quiere verte afuera.

Corrí al estacionamiento. El Coronel Wallace, enfurecido, señaló hacia mi auto: "¡Capitán, usted está estacionado en el espacio reservado para mí!", gritó enojado.

Estaba claro que no, porque la llanta trasera de mi auto apenas tocaba la línea blanca que dividía el espacio reservado para el coronel. Alarmado, pero respetando su rango, le contesté: "Lo siento mucho, mi coronel. Nunca más volveré a estacionarme en su espacio".

La actitud del Coronel Wallace no me agradó, pero controlé mis emociones. Él era el segundo oficial de mayor rango del MTC y merecía todo mi respeto.

Cuando regresé a mi oficina, el Primer Sargento Candelario me dio una mala noticia: lo habían reasignado a Fort Lee, Virginia. La noticia inesperada me preocupó. Habíamos formado un gran equipo de trabajo; él se había convertido en mi mano derecha, un buen amigo y un asesor de confianza. Me entristecí, pero comprendí que las necesidades del Ejército siempre son lo primero.

Mantuve una larga y emotiva conversación con Candelario antes de su partida. Le di las gracias por todo lo que había hecho por mí, por la Compañía C y por mis soldados. También le deseé lo mejor en su nuevo trabajo. Al final de la conversación, apenas pude contener mis emociones; me resultó difícil despedirme de él.

El Primer Sargento Wayne Bishop sustituyó a Candelario. No sabía qué pensar de Bishop cuando entró en las oficinas de mi compañía con una Biblia bajo el brazo, fumando un cigarrillo y hablando con voz atronadora.

Cuando él notó que yo me fijaba en la Biblia me dijo: "Leo la Biblia todas las mañanas antes de empezar mi jornada laboral. Espero que eso no le moleste".

Me sorprendió la declaración de Bishop. Era evidente que no se dejaba intimidar por el rango y decía lo que pensaba libremente. Le respondí: "No me molesta en lo absoluto, primer sargento".

Se rumoraba que un altercado con un oficial en Vietnam del Sur le había costado a Bishop su ascenso en el Ejército y que lo habían trasladado al MTC como su último destino militar. Él era enfermero, excelente diagnosticando y tratando problemas médicos básicos. Pocos de nuestros soldados eran capaces de engañarlo pretendiendo que estaban enfermos para que los enviara a descansar en las barracas.

Imagen 15. Wayne Bishop, primer sargento de la Compañía C, 2.º Batallón del MTC.

Tras la llegada de Bishop, el número de bajas por enfermedad se redujo drásticamente, con lo que mejoró el número de soldados que asistían al entrenamiento. Y cuantos más soldados asistían al entrenamiento, mejor era nuestro rendimiento como unidad.

Más noticias preocupantes llegaron cuando el Teniente Coronel Territo anunció su partida. Perder a un líder como él era difícil de aceptar. Me encantaba su estilo de liderazgo y había desarrollado una sólida relación profesional con él. Antes de su partida, me sorprendió con una carta de reconocimiento, la cual incluía lo siguiente:

> Usted ha demostrado ser un magnífico comandante. Ha sido especialmente eficaz a la hora de mejorar la moral y el espíritu de los miembros de la Compañía C, y ha contribuido en gran medida a la eficacia de su adiestramiento enfocado hacia la República de Vietnam.
>
> Enhorabuena por estas extraordinarias hazañas en su primer intento como comandante. Le deseo un éxito continuado y espero asociarme militarmente con usted en el futuro.[2]

La carta me conmovió. Decir que esperaba asociarse militarmente conmigo en el futuro era un gran elogio para un joven oficial. Cartas como esta eran importantes para la carrera de un oficial, ya que se incluían en su expediente para que las tuvieran en cuenta para futuros ascensos.

El Mayor Pine, que llegó de Vietnam del Sur, sustituyó a Territo. Nunca había trabajado directamente con soldados y era descuidado en su apariencia militar: siempre llevaba el uniforme arrugado y las botas sin brillar. No poseía el porte que se esperaba de un oficial militar.

Me di cuenta de que el mayor no le caía bien al Primer Sargento Bishop. A mí tampoco me caía bien, pero él era nuestro jefe y merecía nuestro respeto y lealtad. Una mañana, el mayor me informó que iba a visitar nuestra unidad para inspeccionar las barracas. Se lo comuniqué a Bishop, e inmediatamente él cogió las llaves para abrir las puertas.

El mayor llegó y, entrecerrando los ojos, inmediatamente comenzó a hacer sugerencias. Le advertí que al Coronel Pixley —el comandante del MTC y nuestro jefe— le gustaban las cosas de una determinada manera. Sin embargo, después de que me reprendiera enérgicamente varias veces, me callé la boca. Cuando entramos a una de las letrinas, el mayor declaró airadamente que no le gustaba el color crema de las paredes. Intenté convencerlo de que ese era el único color que tenían los ingenieros de Fort Sam, pero él no cedió. Finalmente, Bishop, con esa mirada abrasadora en sus profundos ojos azules, dijo: "Mayor, el Capitán Lozada le ha dicho que los ingenieros solo tienen ese color, así que ¿qué es lo que usted no entiende?".

El mayor lo miró con desprecio: "No me importa el color de pintura que tengan los ingenieros. Le ordeno que vuelva a pintar esta letrina". Yo conocía el temperamento del primer sargento, así que rápidamente me interpuse entre ellos y conduje al mayor fuera de la letrina para evitar una confrontación mayor.

Dos semanas después, el Coronel Pixley nos visitó. Era un médico con una gran reputación como líder meticuloso y eficiente. Cuando nos felicitó por nuestro reducido índice de bajas por enfermedad y por los logros académicos de nuestros soldados, Bishop y yo nos miramos y sonreímos con orgullo. Entonces mencionó que quería inspeccionar las barracas.

Mientras el coronel hablaba, el mayor se unió a nosotros. Bishop nos condujo a la barraca que el mayor había recorrido previamente. Cuando entró en la letrina recién pintada, el Coronel Pixley retrocedió horrorizado.

"¿De quién fue la idea de pintar las paredes de negro?", preguntó. Bishop, sin perder un segundo, dijo: "Coronel, yo pinté las paredes de color crema, pero al mayor no le gustó el color y me ordenó que las volviera a pintar del color que tuvieran los ingenieros de Fort Sam. Solo tenían pintura negra. Yo solo cumplí las órdenes del mayor".

"¡Esa es la idea más estúpida que he oído! Primer sargento, consiga pintura crema y vuelva a pintar esta horrible letrina. Y Capitán Lozada, usted sabe cómo hacemos las cosas en el MTC, ¡que esto no vuelva a ocurrir!", advirtió. "Sí, señor", respondí, en voz alta. El Coronel Pixley salió furioso de la barraca, dejando al mayor con la boca abierta. Después de este incidente, el mayor no volvió a molestarnos con sus sugerencias.

Aprendí una lección importante de esto. Como líder recién llegado, es tentador ejercer la autoridad propia y dirigir cambios inmediatos. No obstante, es mejor dedicar tiempo a conocer primero la organización y su entorno. Tras aquel incidente, siempre me tomé tiempo en conocer la organización a la que fui asignado antes de ordenar cambios.

CAMBIOS

Se acercaba mi segundo año en el MTC cuando el oficial que manejaba mi carrera desde el Pentágono me llamó. Sin muchas explicaciones, me dijo que me iban a trasladar a Fort Hood, Texas, 150 millas al norte de Fort Sam. Tenía que presentarme en Fort Hood el 5 de agosto de 1968. La noticia me dejó estupefacto; no sabía qué decir.

Mi siguiente destino era como oficial de Operaciones y comandante del Destacamento del Cuartel General del 36.º Batallón Médico. Como oficial de Operaciones, iba a ser responsable de planificar y coordinar las operaciones del batallón. Como comandante del destacamento, sería responsable de gestionar diversos aspectos de la seguridad (como inspecciones de seguridad y la aplicación de salvaguardias para el material clasificado), la logística y los recursos humanos del cuartel general.

Yo me sentía ambivalente acerca de ese puesto. El trabajo suponía un reto y ofrecía oportunidades de crecimiento, ya que implicaba áreas con las que no estaba familiarizado. Sin embargo, no deseaba trasladar a mi familia a Fort Hood. El puesto militar estaba lejos de la ciudad más cercana y no tenía muchas viviendas disponibles.

Era costumbre hacer una visita de cortesía al comandante del MTC antes de la partida de un oficial, así que hice una cita para despedirme del Coronel Pixley. El coronel ya conocía el motivo de mi visita y, al llegar a su oficina, elogió mi trabajo. También me informó de que había llamado al Pentágono para pedir que me mantuvieran en el MTC. Sus palabras me conmovieron profundamente; eran un testimonio de mi rendimiento allí.

Cuando llegué a Fort Hood, conduje hasta el 36.º Batallón Médico. Al llegar, me encontré con que había mucha actividad en toda la unidad. Entré en el edificio del cuartel general, pedí ver al comandante del batallón y me llevaron a su oficina. El comandante era el Teniente Coronel Loren Fryar.

Cuando entré en su oficina, noté que, en su escritorio, había varios libros de cocina en lugar de reglamentos del Ejército, folletos militares o manuales. Posteriormente, me enteré de que él era un chef aficionado.

Me puse en posición de atención frente a su escritorio y saludé. Se presentó y me dijo: "Capitán Lozada, yo sé que usted viene del MTC, donde todo el mundo se corta el pelo semanalmente y hace entrenamiento físico a diario. En esta unidad, no nos preocupamos mucho por esas cosas. Tenemos otras prioridades".

Le dije que quería saber más acerca de mi trabajo. Me miró y, con amplia sonrisa, me dijo: "Solo puedo decirle que usted está asignado a esta unidad. El resto es confidencial". Luego cogió un ejemplar de una revista *Newsweek* que tenía sobre el escritorio. "Lamento no poder decirle nada más en este momento; pero, si lee esta revista, podría enterarse de algunas cosas".

La revista contenía un artículo sobre la invasión rusa a Checoslovaquia. También informaba que los Estados Unidos iban a enviar una brigada blindada desde Fort Hood hasta Alemania con unidades de apoyo como demostración de fuerza.

El teniente coronel no tuvo que decir nada más: era obvio que el 36.º Batallón Médico iba para Alemania, ¡y que yo también iba con ellos! Me quedé estupefacto ante la inesperada noticia. Pensé que el oficial del Pentágono pudo haberme mencionado que mi próximo trabajo implicaba un despliegue militar en el extranjero. En mi nuevo trabajo como oficial de Operaciones, yo era responsable del entrenamiento previo al despliegue y del transporte de las tropas y los equipos del batallón a Alemania. Mi ayudante, el Sargento Borcherding, me doblaba la edad y tenía experiencia en operaciones militares.

Después de explicarme un borrador del plan de despliegue que él había preparado, me preguntó acerca de mi experiencia en despliegues militares. Admitiendo que no tenía ninguna, me dijo: "Capitán, esto es fácil. Podemos hacer las cosas basándonos en mi experiencia o podemos hacerlas basándonos en la suya. Usted elige". Yo quería aprender todo lo posible de él, así que me apoyé en su experiencia y en sus recomendaciones.

El estrés de la preparación para el despliegue y los largos días que pasamos entrenando en las vastas áreas de Fort Hood me agobiaron físicamente, y caí enfermo el día antes de partir hacia Alemania.

Yo me sentía incómodo dejando a mi joven esposa en nuestra modesta casa de alquiler cerca de Fort Hood. La idea de que se quedara sola, mientras yo estaba en Alemania, me agobiaba. Para disipar mis preocupaciones, ella decidió quedarse con sus padres en Houston. Esta decisión me tranquilizó, sabiendo que estaría segura y cómoda en compañía de su familia.

El día de nuestra partida, embarqué en un avión C-141 Starlifter de la Fuerza Aérea, con fiebre alta y dolor de garganta. El ruido y la temperatura fría del interior del avión empeoraron mis síntomas. Mantener una conversación normal era difícil, y teníamos que llevar protección para los oídos durante los despegues y aterrizajes cuando el ruido era aún más fuerte. Estuve temblando durante todo el vuelo, y me dolía el cuerpo.

Nuestro viaje a Alemania duró más de quince horas, y llegamos a la Base Aérea de Ramstein durante una tormenta de nieve. Era la primera vez que veía nieve. Para mí, el entorno era espectacular: un manto blanco que cubría tejados, árboles y aceras. El aire frío me llenaba los pulmones mientras yo me soplaba las manos para mantenerlas calientes.

Por desgracia, la belleza duró poco. Al día siguiente, a pesar de mi enfermedad y las inclemencias del tiempo, iniciamos un convoy de vehículos militares, de 400 kilómetros, hasta una zona de entrenamiento en Grafenwoehr, Alemania. Yo viajaba en un *jeep* del Ejército con poca calefacción y con escasa protección contra el frío y los vientos tempestuosos. Aunque llevábamos parkas de invierno y botas aislantes, tenía las manos y los pies fríos como el hielo, y la nariz entumecida.

El convoy incluía más de 30 vehículos que luchaban por mantener el control en la nieve y el hielo. A pesar de nuestro entrenamiento en Fort Hood, no pudimos evitar varios accidentes ni que algunos conductores se perdieran. Mi trabajo consistía en organizar el convoy y mantener los vehículos juntos, así que, con un mapa en la mano y un radio en mi vehículo, me comunicaba con todos los conductores, prestando especial atención a cualquier vehículo que se saliera del convoy.

Ya había anochecido en Grafenwoehr cuando llegamos hambrientos y agotados. Instalamos nuestro centro de operaciones en un edificio viejo de hormigón gris, adyacente a un comedor antes de ir a nuestras barracas para darnos una merecida ducha y descansar. Por su apariencia, era obvio que las barracas no habían sido usadas en bastante tiempo.

Un par de horas después de acostarnos, un oficial me despertó, agitado porque algo se arrastraba por su cuerpo. Cuando se quitó la camisa, vi que tenía piojos en la piel. Me quité la camisa y me horroricé al ver lo mismo. Asqueado por los piojos, llamé inmediatamente a un vehículo para que nos llevara al hospital. Tres horas más tarde, volvimos con una crema para eliminar los piojos y la esperanza de dormir un par de horas.

Era mi primer despliegue militar en el extranjero, y yo estaba enfermo, tenía mucho frío y estaba cubierto de piojos. No podía evitar sentirme más que frustrado. Nuestro despliegue militar también incluía entrenamiento en apoyo de operaciones de combate. Trabajé estrechamente con el Teniente Coronel Fryar para resolver los escenarios tácticos y los ejercicios militares a los que nos enfrentábamos en Alemania. Él había servido allí y conocía muy bien el país. También tenía amplios conocimientos sobre el funcionamiento de unidades médicas.

Ambos teníamos oficinas en un viejo edificio calentado con hornos de carbón. En una ocasión, recibí un mensaje del cuartel general en el que me presentaban un escenario concreto. Lo llevé a la oficina del teniente coronel y, después de revisarlo, me dijo casualmente: "Jake, el *Manual de campo del Ejército* (FM 31-8) dice que debemos hacer tal y tal cosa, pero creo que la respuesta correcta es mantener nuestras unidades en su posición actual y ver qué más se desarrolla. ¿Qué opinas?".

Después de aportar mi opinión y de ponernos de acuerdo sobre la respuesta final, la envié a nuestro cuartel general. Sus oficiales siempre intentaban confundirnos con los problemas tácticos más difíciles, ¡pero siempre les dábamos la respuesta correcta!

Mi primer despliegue me enseñó mucho sobre cómo conducir operaciones militares en el extranjero. Aunque nuestras largas horas de entrenamiento en Fort Hood a veces nos habían parecido monótonas e innecesarias, fueron la clave para ayudarnos a adaptarnos rápidamente a un nuevo entorno. Nuestro entrenamiento nos permitió cumplir exitosamente con nuestra misión.

Después de dos meses en Alemania, regresamos a Fort Hood, pero allí no había viviendas militares disponibles, y la cercana ciudad de Killeen no tenía muchas casas de alquiler. Esta escasez me obligó a alquilar un dúplex de 1,000 pies cuadrados. Era tan pequeño que, cuando mi esposa y yo cenábamos con amistades, uno de nosotros tenía que sentarse en la cama frente a la mesa del comedor porque no había espacio suficiente para todos.

A pesar de la estrechez, mi esposa y yo nos adaptamos a nuestro nuevo hogar. Compramos algunos muebles, y ella decoró la casa. Yo hice algunas reparaciones necesarias para que nos resultara más cómoda. Nuestra vida en Fort Hood se había normalizado, pero los soldados no se entrenan para permanecer en sus instalaciones militares. Se entrenan para la guerra.

Era 1969, pleno apogeo de la Guerra de Vietnam, y yo quería aplicar lo que había aprendido en una zona de combate. Mis amigos Tato y Ángel Luis ya habían sido reasignados a la zona de guerra, y yo sentía que también debía ir. Aunque llevaba menos de un año en Fort Hood, llamé al oficial que manejaba mi carrera y me ofrecí como voluntario. Me dio las gracias, pero me dijo que él tenía otro trabajo para mí, en Corea del Sur, como oficial ejecutivo de la 618.ª Compañía Médica.

Me decepcionó mucho no ser asignado a Vietnam del Sur, pero no tuve más remedio que aceptar el trabajo en Corea del Sur. El Ejército no permitió que mi joven esposa me acompañara; sin embargo, podía volver a casa para unas vacaciones cortas a los seis meses, siempre y cuando yo corriera con los gastos.

Antes de partir, compramos una casa en San Antonio. Me preocupaba mucho dejar a mi esposa sola, pero me reconfortó saber que el trabajo en Corea del Sur era de un año de duración solamente y que, durante mi ausencia, ella pasaría algún tiempo en casa de sus padres en Houston.

COREA

Tres semanas después, llegué al Aeropuerto Internacional de Kimpo, en Seúl, tras un largo y agotador vuelo de diecisiete horas, con escalas en Seattle y Alaska. Luego, viajando en un vehículo militar me dirigí hacia el Campamento Nabors, en donde estaba ubicada la 618.ª Compañía Médica. Durante la travesía, me asombró la enorme cantidad de autobuses viejos, coches y vehículos militares que competían por el espacio en la carretera. También me impresionó la cantidad de ancianos que tiraban de carretas cargadas de hortalizas y frutas. El olor del diésel de los vehículos, el humo constante y el polvo de las fábricas me irritaban los pulmones y los ojos.

Al llegar al Campamento Nabors, me presenté ante el comandante de la instalación. Después de hacer las presentaciones usuales, un par de soldados me escoltaron hasta la 618.ª Compañía Médica. La 618.ª estaba a cargo de varios dispensarios en distintos lugares de la península coreana. Como la unidad prestaba asistencia médica, el comandante era un médico, aunque había sido reclutado por el Ejército y tenía muy poco entrenamiento militar.

Como oficial ejecutivo, yo realizaba todas las tareas administrativas de la compañía. Entre otras tareas, me encargaba del buen mantenimiento del equipo de campaña, del entrenamiento de los soldados en guerra química y biológica, del apoyo al orfanatorio y de la seguridad de los documentos clasificados. Además, era responsable de las instalaciones recreativas del Campamento Nabors y, como agente clase A de la unidad, les pagaba a los soldados mensualmente.

Como oficial a cargo del orfanatorio, recaudaba fondos de nuestros soldados para comprar arroz, leche y ropa para un orfanatorio coreano que el campamento apoyaba. Una vez al mes, también les llevaba la leche que sobraba de nuestro comedor militar a los huérfanos. Ver las adorables caras de los niños y al personal del orfanatorio inclinándose profundamente para mostrar su gratitud me llenaba de satisfacción y agradecimiento por la oportunidad de hacer una pequeña contribución a la vida de los niños. A menudo me pregunto cuántos de estos preciosos huérfanos asistieron a la escuela, llegaron a la edad adulta y se convirtieron en miembros activos de la sociedad gracias a nuestra ayuda.

Imagen 16. El autor, con el doctor Stephen Rando, frente al dispensario del Campamento Nabors.

En una ocasión, llevé a los huérfanos al Campamento Nabors para una comida especial con nuestros soldados. Pensé que era importante que los soldados vieran a los niños que estaban ayudando con sus donaciones mensuales. Nuestros soldados usualmente interactuaban con soldados coreanos. Abrazar a los preciosos niños, comer con ellos y hablar con el personal del orfanatorio les ayudó a ver una cara distinta de Corea y de su gente. Los soldados les hacían bromas a los niños durante la cena, lo que provocaba risas en ellos y carcajadas en el personal. Todos sonreían al salir del comedor.

UN ROL ADICIONAL

Un par de meses después de mi llegada, me llamaron a la oficina del comandante del Campamento Nabors para hablar sobre el

Club de Oficiales. El coronel quería escuchar la perspectiva de un recién llegado sobre por qué muchos de los oficiales no lo frecuentaban.

Por lo que había oído en mis conversaciones con otros oficiales, la mayoría de ellos pensaban que los *happy hours* de los viernes no aportaban suficiente valor por las cuotas que tenían que pagar. También pensaban que no eran lo suficientemente interesantes como para animarlos a ir. Algunos incluso consideraban que las cuotas eran injustas porque los oficiales de menor rango pagaban las mismas cuotas que los de mayor rango.

Sugerí modificar las cuotas en función del rango: los coroneles pagarían la cuota más alta, y los tenientes la más baja. Eso animaría a más oficiales de bajo rango a asistir porque podrían pagar mejor las cuotas del club. También sugerí organizar cenas especiales para celebrar la bienvenida, despedida y ascenso de los oficiales. El coronel quedó tan impresionado con mis sugerencias que me nombró "oficial a cargo del club".

El nuevo nombramiento desbordó mi ya apretada agenda. Además de mis tareas ya asignadas, ahora tenía que coordinar las cenas de los viernes. Esta tarea incluía planificar los menús, adquirir la comida y coordinar la preparación de las cenas. A pesar de mi agenda ocupada, Corea del Sur seguía ofreciéndome distintas maneras de conocer el país y su gente. Visitaba los museos en Seúl, viajaba a otras instalaciones militares de la península y cenaba a menudo con un capitán coreano que trabajaba en nuestro campamento.

A pesar de mis otras funciones, mantener la unidad lista para cumplir su misión de combate era mi deber más importante. Nuestros dispensarios prestaban servicios de salud en tiempos de paz, pero teníamos que estar preparados para apoyar a las fuerzas estadounidenses y surcoreanas en caso de guerra.

Esta doble misión no era fácil de cumplir porque nuestros equipos y vehículos de campaña requerían un mantenimiento constante. El mantenimiento de los equipos competía con el tiempo que tenían los soldados para prestar asistencia médica, así que tuve que programar sesiones de mantenimiento los fines de semana y los días festivos. A nuestros soldados les molestó, pero nuestra misión de estar listos para cualquier eventualidad era primordial.

También teníamos que realizar ejercicios de entrenamiento en un lugar alejado del campamento, varias veces al año. El sitio había sido seleccionado para que continuáramos nuestra misión en caso de que los norcoreanos invadieran Corea del Sur. El lugar que nos asignaron estaba a 160 kilómetros al sur de Seúl, cerca de la orilla de un río rodeado de arrozales. Para llegar, yo tenía que dirigir a la unidad por caminos tortuosos utilizando un mapa militar viejo. Al llegar, y con la ayuda de nuestros sargentos, seleccionaba las áreas para el comedor, los vehículos y las tiendas de campaña para colocar nuestro equipo médico y para que durmieran los soldados.

Una vez montada y organizada la unidad, familiarizábamos a nuestros soldados con el equipo y los suministros médicos de campaña. Almacenados en contenedores metálicos pesados, teníamos que hacer un inventario de los distintos instrumentos y probarlos antes de usarlos. También adiestrábamos a nuestros soldados en cómo protegerse contra agentes químicos y biológicos, cómo asegurar físicamente nuestra zona y cómo usar nuestros equipos de comunicaciones.

Los intensos ejercicios duraban de tres a cinco días, pero no solo nos mantenían preparados, sino que también nos proporcionaban un descanso de la monotonía diaria del Campamento Nabors.

Comunicarme con mi esposa, desde Corea, era difícil. Nuestro contacto se limitaba a una vez cada dos semanas a través de una estación del Sistema Auxiliar de Radio Militar (MARS). Este programa se basaba en radioaficionados en los Estados Unidos que ayudaban a los soldados a ponerse en contacto con sus familias. Para ponerme en contacto con mi esposa, tenía que esperar pacientemente en la estación a que se estableciera una conexión con un radioaficionado. Una vez establecida la conexión, el radioaficionado marcaba el número de teléfono de mi esposa en Texas y teníamos 15 minutos para hablar. Estas llamadas cortas exigían una planificación cuidadosa, lo que hacía que cada momento compartido fuera muy significativo. Las llamadas a larga distancia desde Corea estaban llenas de expectación y emoción. A pesar de su brevedad, nuestras conversaciones eran sinceras y llenas de cariño. El mero hecho de oír la voz de mi esposa me reconfortaba enormemente y aliviaba la soledad y la ansiedad que nos producía la separación.

Extrañando a la familia

De todas las experiencias que viví en Corea del Sur, la que más recuerdo es el frío intenso. En una ocasión, un compañero me invitó a ir de compras a Seúl. Debido al frío y a la niebla, podía ver pequeñas partículas de hielo en el aire. Saltaba y me movía rápidamente para entrar en calor mientras esperábamos un taxi. Cuando entramos en la ciudad, pasé los dedos por una de las ventanillas heladas del auto para poder ver hacia afuera.

Intenté, con todas mis fuerzas, adaptarme a las frías temperaturas coreanas, pero fue en vano: siempre sufría debido al frío intenso durante los meses de invierno.

Para empeorar la situación, la noche de Navidad, me asignaron como oficial a cargo de la guardia del campamento. Tenía que recorrer el perímetro de 2 kilómetros e inspeccionar a los guardias, vestidos con ropas gruesas de invierno y con sus armas preparadas, colocados en trincheras a intervalos regulares.

La temperatura era de aproximadamente 19 °F (−7 °C). Aunque llevaba puesto el uniforme de invierno y las botas reglamentarias, ¡estaba helado hasta los huesos! La nieve producía crujidos y estallidos cuando caminaba. Pensé en mi familia y en mis amigos en Texas y el soleado Puerto Rico durante aquella noche lúgubre, oscura y fría de Navidad. Sentí que gran parte de mí estaba ausente.

Cuando llegué a mi habitación, alrededor de la medianoche, vi que mis compañeros se habían reunido en nuestra sala común para abrir las tarjetas de Navidad y los regalos que habían recibido de sus familiares. Uno de los oficiales —de Tyler, Texas— había recibido una caja grande, y todos sentíamos curiosidad por su contenido. Al abrirla, ¡descubrimos que contenía un pavo ahumado! En el campamento solo comíamos pavo una vez al año, durante el Día de Acción de Gracias, así que volver a comer pavo, aunque ahumado, fue un buen final para un día que, por lo demás, había sido largo y triste.

Cuatro meses antes de que finalizara mi año en Corea del Sur, solicité asistir al Curso Avanzado para Oficiales. El curso duraba veintitrés semanas y capacitaba a los oficiales para ejercer como comandantes y oficiales del Estado Mayor del Ejército. Yo quería asistir porque era un requisito previo para ascender al siguiente rango, de mayor, el siguiente peldaño hacia mi objetivo de llegar a ser coronel. Fui seleccionado, y se me ordenó asistir al curso que se celebraría en Fort Sam en enero de 1971.

Mi esposa estaba muy contenta con mi selección, ya que me permitiría mudarme con ella a la casa que habíamos comprado en San Antonio antes de mi partida hacia Corea del Sur.

Durante el Curso Avanzado para Oficiales, el 25 de junio de 1971, nació mi hija, Valerie. Su llegada nos hizo inmensamente felices a mi esposa y a mí. Ser testigos del milagro de una nueva vida fue una experiencia única. La alegría, el amor profundo y la emoción de mi nuevo papel como padre eran increíbles. Traté de trabajar tan duro para ser padre como para mis tareas militares.

Antes de terminar el curso, solicité tomar el Curso de Administración de Pacientes y fui aceptado. Este curso, de ocho semanas de duración, preparaba a los oficiales en la gestión de la información médica, las operaciones de evacuación aeromédica, y la admisión y seguimiento de los pacientes. Completarlo me abriría las puertas para trabajar en un hospital del Ejército. Fui seleccionado y comencé mis estudios en septiembre de 1971.

Afortunadamente, el curso también se realizaba en Fort Sam, por lo que no tuve que separarme de mi familia.

MI PRIMER TRABAJO EN UN HOSPITAL

Después de completar con éxito el curso, recibí mi primera asignación hospitalaria en el Hospital General de Valley Forge en Phoenixville, Pensilvania. Este era el hospital psiquiátrico más grande del Ejército. Mi posición era jefe de Admisiones y Disposiciones (AAD, por sus siglas en inglés). Estaba muy contento con mi puesto. Era mi primer trabajo en un hospital, y me permitía hacer la transición: de entrenar soldados y trabajar en unidades de campo al entorno hospitalario.

Mi esposa también estaba entusiasmada por mi nuevo trabajo en ese hospital. Ella no había viajado fuera de Texas y lo vio como una oportunidad para visitar ciudades de la costa este.

El Hospital General de Valley Forge era también el principal hospital receptor de prisioneros de guerra repatriados de Vietnam del Sur. Tras llegar a la Base Aérea McGuire, en Nueva Jersey, los exprisioneros eran trasladados a Valley Forge para someterse a pruebas médicas, reunirse con sus familias y readaptarse a la vida en los Estados Unidos. Cada uno de ellos trabajaba con un oficial del hospital que lo acompañaba diariamente y lo ayudaba en su readaptación.

Yo fui uno de esos oficiales. Acompañé al último prisionero de guerra de la Guerra de Vietnam, el Capitán Robert (Bob) T. White. Desde nuestro primer encuentro en la base aérea, estrechamos lazos de amistad compartiendo nuestras experiencias militares, yendo a cenar fuera del hospital y disfrutando tiempo con mi familia en mi apartamento.

Durante el periodo de tres meses, me reuní con Bob todos los días, lo acompañé a sus citas médicas y le expliqué lo que había sucedido en los Estados Unidos desde su encarcelamiento siete años antes. Mis conversaciones y actualizaciones le abrieron los ojos.

En una ocasión, lo llevé a un centro comercial. Se maravilló de la variedad de tiendas y de los productos que se podían comprar. Le describí las protestas en contra de la guerra, la política nacional y los programas de televisión más populares. Parecía cautivado por los cambios que se habían producido. A mí también me cautivaron sus relatos acerca de sus experiencias como prisionero de guerra en las selvas de Vietnam del Sur. A pesar de haber soportado muchas penurias y aislamientos, nunca sintió lástima por sí mismo ni mostró odio hacia los demás. Para mí fue un ejemplo de la fuerza del espíritu humano, de cómo se pueden superar circunstancias desfavorables con paciencia, determinación y voluntad de sobrevivir. Su historia continúa inspirándome hoy.

Durante nuestro último encuentro, Bob me regaló una taza de plata con una inscripción: "JAKE, ¡GRACIAS!". No fue hasta más tarde, ese mismo día, cuando me fijé en un pedazo de papel que había dentro. La nota manuscrita decía así:

Jake: cuando la conversación gire en torno a la gente amable, tu nombre siempre me vendrá a la mente. Bob White.

Su regalo personalizado y su consideración casi me hicieron llorar.

Tras la partida de Bob, recibí una carta del comandante del hospital, el Coronel Phillip A. Deffer, en la que expresaba lo siguiente:

Deseo elogiarlo por su excelente desempeño como escolta del Capitán Robert T. White. Usted ha cumplido con éxito un deber que supera con creces las latitudes de su especialidad militar. Se vio inmerso en una situación desconocida y delicada, con muy poca anticipación, y actuó maravillosamente.

Me resulta difícil expresar adecuadamente la profundidad de mi orgullo por sus logros. En nombre del capitán, de su familia y de todo el personal de la "Operación Regreso a Casa" (Homecoming), lo felicito por su altruista, incansable y abnegado cumplimiento del deber. La operación no podría haberse llevado a cabo de forma ordenada y sin contratiempos sin usted.[3]

Agradecí mucho la generosa carta del coronel. No me la esperaba porque yo entendía que solo estaba haciendo mi trabajo.

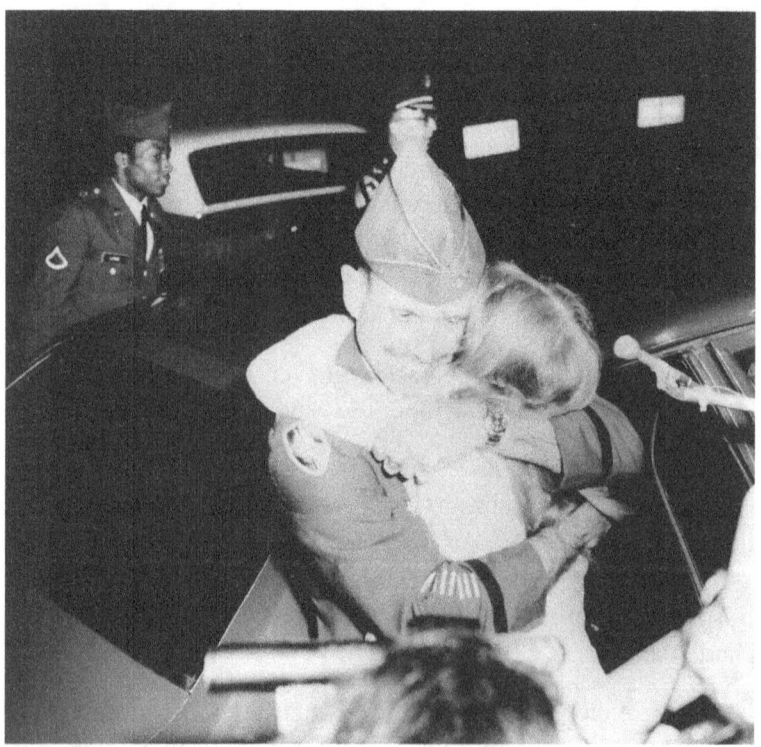

Imagen 17. El Capitán Robert T. White, exprisionero de la Guerra de Vietnam, en su arribo a la Base Aérea McGuire.

OFICIAL ADMINISTRATIVO

Después de la "Operación Regreso a Casa", Valley Forge estableció el primer Centro de Tratamiento para la Drogadicción en el Ejército. El centro contaba con un psiquiatra militar, enfermeras, psicólogos civiles y personal administrativo.

El Coronel Deffer me eligió como oficial administrativo del Centro de Tratamiento, además de mis otras funciones. A pesar de mi falta de experiencia dirigiendo un centro de tratamiento, en mi trabajo como jefe de AAD y escolta del Capitán White había demostrado las aptitudes deseadas para administrar el centro. Yo estaba orgulloso de haber sido seleccionado, porque el hospital tenía oficiales con más experiencia que podrían haber asumido ese rol. En ese momento, decidí demostrarle al coronel que había acertado al elegirme.

Antes de asumir mi nuevo cargo, tuve que asistir al recién creado Curso de Rehabilitación y Tratamiento del Abuso de Drogas y Alcohol del Ejército, en Fort Sam. Yo formaría parte de su primer grupo de estudiantes.

UN ANUNCIO IMPACTANTE

Después de unos meses como administrador del centro, la paz relativa en el hospital se vio interrumpida por el anuncio repentino de su cierre. La noticia me conmocionó. Valley Forge era un hospital importante del Ejército, con una demostrada reputación de ofrecer una atención excelente.

El anuncio fue devastador para la comunidad local, que muchos años antes había construido el hospital. Además, este lugar ahora era una fuente de empleo para muchos. También le disgustó mucho a nuestro personal, que amaba el hospital, su historia y sus múltiples logros.

La población local, enfadada por el cierre de Valley Forge, a veces descargaba sus sentimientos contra el personal. Mi oficina de AAD era el primer punto de entrada al hospital y se convirtió en el objetivo principal de los pacientes, quienes exigían respuestas y mostraban su irritación. Dejé a un lado mis sentimientos personales y, utilizando mis dotes de persuasión y comprensión, escuché sus quejas y desvié su enojo justificado.

Durante la reducción paulatina del hospital, la organización que yo lideraba trasladaba pacientes a otras instalaciones militares en Filadelfia y Nueva Jersey. También entregaba los historiales médicos a los pacientes que residían en la comunidad local.

Al reducirse el personal del hospital, los oficiales que quedaban asumieron otras tareas. Me asignaron varios trabajos, lo que aumentó mi ya completa jornada laboral. Pasé de trabajar de cinco días a la semana a seis, y de jornadas de ocho horas a jornadas de diez horas diarias.

Mi hijo, Jason, nació en medio de este torbellino, el 15 de agosto de 1973. Su llegada fue una gran alegría para mi esposa y para mí. Sin embargo, ayudar a cuidar a un recién nacido y trabajar tantas horas extras era estresante.

Dos meses después del anuncio, el jefe del Departamento de Recursos Humanos del hospital, Teniente Coronel Joseph DePonte, me invitó al Pentágono para tratar cuestiones relacionadas con el cierre de Valley Forge, incluyendo la reasignación de su personal militar. Me sugirió que, mientras estuviéramos allí, hablara con el oficial que manejaba mi carrera sobre mi próximo puesto de trabajo. Yo ya me lo había planteado, así que acepté su sugerencia.

Nunca había visitado el Pentágono y al instante me quedé asombrado por su tamaño gigantesco. Dividido en cinco partes, cada una de ellas con múltiples oficinas, pasillos y corredores, era fácil perderse en el edificio. En el Pentágono, visitamos las oficinas centrales del Departamento Médico del Ejército. Allí vi al oficial que manejaba mi carrera y le dije que quería dirigir una clínica ambulatoria. Me dijo que tenía un trabajo para mí en una clínica en Nueva York. Le pedí un par de días para pensarlo porque quería saber más sobre el trabajo. Él aceptó.

Durante nuestro viaje de regreso al hospital, le mencioné la oferta en Nueva York al teniente coronel. Arqueando sus tupidas cejas, me dijo: "Jake, no aceptes ese trabajo. Esa clínica también la van a cerrar". Me sentí aliviado porque no quería ir a otra instalación que fuera a ser cerrada.

REGRESANDO A CASA

Dos días después, llamé al oficial que manejaba mi carrera y rechacé su oferta. Inmediatamente, el mencionó un puesto similar en una clínica de salud en Fort Buchanan, Puerto Rico. ¡No lo podía creer! Siempre había mencionado a Puerto Rico como mi opción principal en el Ejército. Sin embargo, tras varios intentos infructuosos, decidí no volver a mencionarlo.

Solo tenía tres semanas para decírselo a mi esposa, empacar nuestros muebles y enseres domésticos, y mudarnos a Puerto Rico, pero no lo pensé dos veces: ¡acepté el trabajo en el acto! No se lo conté a mis padres, sino que decidí darles la sorpresa más tarde. Fue uno de los días más felices de mi joven carrera en el Ejército.

Salí para Puerto Rico un par de semanas antes que mi familia para ir a Fort Buchanan y solicitar una vivienda. Mientras tanto, mi esposa empacaba nuestros muebles y enseres domésticos. Cuando llegué al aeropuerto de San Juan, tomé el transporte público hasta la casa de mis padres.

Apenas tuve tiempo de disfrutar del paisaje durante el viaje a San Lorenzo. Al llegar, casi corrí hacia la casa. Caminar por aquella acera tan familiar para mí era irreal. No podía creer que pronto les diría a mis padres que, durante los próximos tres años, yo iba a vivir a 25 kilómetros de ellos.

Imagen 18. Los padres del autor, Juan Lozada y Clotilde Pereira.

Cuando entré, mi papá —como de costumbre— estaba en la sala escuchando la radio, y mi mamá estaba en la cocina. Cuando me vieron, me abrazaron varias veces y me reprendieron por no haberles dicho que viajaba a la isla.

Cuando les dije que me iba a quedar en Puerto Rico por los próximos tres años, se quedaron extasiados. Mi mamá quería saber cuándo vería a sus nietos. Mi papá me habló de los lugares nuevos de pesca que había descubierto y luego planificó visitas a la gente del pueblo que había seguido mi carrera a través de los medios de comunicación y sus conversaciones.

PONIÉNDOME AL DÍA

Pasé cuatro días maravillosos con mis padres, disfrutando de la cocina de mi mamá y de los viajes de pesca con mi papá, antes de viajar a Fort Buchanan. A mi llegada, pregunté por la disponibilidad de una vivienda para mi familia, y me asignaron una casa de tres dormitorios aproximadamente a 1.5 kilómetros de la clínica. Con una hija de tres años y un hijo de uno, la casa, aunque pequeña, satisfacía las necesidades de mi familia.

Llegué a la clínica y no solo me encontré con equipos médicos y dentales obsoletos, sino también con pacientes insatisfechos. Me puse en contacto con la sede central de la clínica en Atlanta, Georgia, para informarles de la situación. Me informaron que ellos estaban al tanto de los múltiples problemas en la clínica y también estaban descontentos con la situación. Se necesitaría mucho esfuerzo para modernizar las facilidades y restablecer su funcionamiento ordenado. Sin embargo, ¡la sede central de la clínica contaba conmigo para llevarlo a cabo!

Además de contar con equipos anticuados, la clínica no ofrecía atención especializada, como pediatría, ortopedia y cirugía general. Tampoco brindaba asistencia médica fuera del horario normal de trabajo. Me quedé estupefacto. El estado de la clínica y la enormidad de mi tarea me agobiaron. Por un momento, pensé que debí haber aceptado el trabajo en Nueva York.

No había manera de hacerlo todo a la vez, así que primero me concentré en mejorar la calidad de la atención. Sustituí a uno de los dos médicos porque se negaba a cumplir el horario de trabajo que le había asignado, y contraté a una enfermera y a una farmacéutica altamente cualificadas para cubrir las vacantes que existían desde hacía tres meses.

A continuación, visité el hospital de la Base Naval de Roosevelt Roads, cerca de la ciudad de Ceiba, porque sabía que tenían especialistas en medicina interna y cirugía. Conocí al comandante del hospital, un excelente oficial naval y médico de Beeville, Texas. Desde el principio, congeniamos. Con su apoyo, conseguí que su personal proporcionara atención especializada en Fort Buchanan una vez a la semana.

Luego me reuní con los comandantes de las unidades médicas de la Reserva del Ejército y la Guardia Nacional en Puerto Rico. Ellos necesitaban una instalación militar para realizar sus ejercicios mensuales, y yo necesitaba el apoyo de sus especialidades médicas y quirúrgicas.

Acordamos que, cuando mis médicos necesitaran la lectura de radiografías, se las enviaríamos a uno de sus radiólogos. Los radiólogos enviarían los resultados y un informe a nuestra clínica. A cambio, una vez al mes, permitiríamos que sus unidades realizaran exámenes físicos y cumplieran sus requisitos mensuales en mi clínica. Durante sus ejercicios mensuales, también llevarían a cabo consultas especializadas en la clínica para mis pacientes. Con estas alianzas, ya habíamos solucionado muchos de los problemas de acceso a servicios médicos de Fort Buchanan.

Sin embargo, había otra fuente de apoyo que yo tenía en mente para cubrir otras vacantes. Quería aprovechar los recursos del Hospital de Veteranos en San Juan y los hospitales civiles para aumentar los servicios que ofrecía la clínica.

Visité el Hospital de Veteranos y me reuní con su director. Él se enfrentaba a un gran reto. Necesitaba ayuda para evitar que los soldados puertorriqueños que estaban de vacaciones en Puerto Rico se presentaran enfermos en el hospital y permanecieran demasiado tiempo sin regresar a sus unidades en el continente. Esto también creaba un problema para la Oficina de Personal

Militar de Fort Buchanan. Tenían que apoyar a estos soldados como si estuvieran asignados allí. Le dije que podía resolver este problema devolviendo a los soldados al continente. Lo único que necesitaba era un certificado médico en el que se declarase que estaban en condiciones de viajar en avión a sus destinos. Dos días después, el director me envió una lista de nombres con certificados médicos. Obtuve la documentación de la Oficina de Personal Militar, organicé el transporte militar e informé a los soldados de que debían presentarse el sábado siguiente para regresar a sus unidades.

Al día siguiente de las notificaciones, un grupo de padres, esposas y novias, sombríos unos y disgustados los demás, inundaron la clínica. Algunos traían declaraciones firmadas por médicos de cabecera y clérigos locales que afirmaban la necesidad de que los soldados permanecieran en Puerto Rico. Leí todas las declaraciones y los escuché atentamente. Al final, les expliqué por qué los soldados no podían permanecer en Puerto Rico indefinidamente. También les indiqué los procedimientos para solicitar la baja del Ejército si se reunían ciertos requisitos. Yo comprendía, claramente, el deseo de los soldados de permanecer en Puerto Rico; sin embargo, ellos habían contraído un compromiso con el Ejército y lo tenían que cumplir. No podían permanecer en la isla.

El lunes siguiente, el director del hospital me llamó para darme las gracias. Durante la conversación, me preguntó si había algo que él pudiera hacer para ayudarme. Esperaba que me hiciera ese ofrecimiento, así que le mencioné dos cosas. En primer lugar, necesitaba pruebas de laboratorio especializadas para casos como la hemofilia y apoyo ecográfico. En segundo lugar, necesitábamos atención especializada para los pacientes que Roosevelt Roads no podía atender. Aceptó ambas cosas. El acuerdo me llenó de alegría; resolvía dos de los problemas más importantes en la clínica.

Atención fuera del horario laboral

Los hospitales civiles supusieron el mayor reto porque yo no conocía a nadie en los hospitales locales. Por suerte, me invitaron a la reunión mensual de los administradores de hospitales de San Juan, donde conocí al Sr. Jesús M. Rodríguez, oficial de la Reserva del Ejército y administrador de uno de los hospitales.

Jesús necesitaba una organización del Ejército en Puerto Rico que proveyera servicios de salud para realizar su entrenamiento obligatorio porque él no podía viajar al exterior. Viendo en ello una oportunidad para establecer una conexión con la comunidad médica civil, le sugerí que hiciera su entrenamiento en la clínica.

Durante los primeros días de su entrenamiento, me enteré de que Jesús era el administrador del Hospital Presbiteriano, uno de los mejores hospitales en San Juan. A medida que nos fuimos conociendo mejor, visité su hospital muchas veces y cenamos a menudo. Entablamos una estrecha relación que desembocó en un acuerdo. Mis pacientes recibirían atención de urgencia en su hospital, fuera del horario laboral, a cambio de un reembolso.

Después de muchos esfuerzos, desarrollé un sistema integral de prestación de asistencia médica para los soldados y sus familias en Fort Buchanan. Lo logré con el apoyo del Hospital de Veteranos, el Hospital Naval de Roosevelt Roads, el Hospital Presbiteriano, las unidades médicas de la Reserva y la Guardia Nacional, y mi cuartel general en Georgia.

También recibí el apoyo de la Oficina de Personal Militar de Fort Buchanan y el personal de evacuación aeromédica de la Base Aérea Scott. Tardamos cuatro meses en poner a disposición de los pacientes de Fort Buchanan especialidades como ortopedia, pediatría, medicina interna y pruebas de laboratorio especializadas.

Dos iniciativas

Además de dirigir la clínica, yo también era asesor/consejero del Programa de Salud Civil de los Servicios Uniformados (CHAMPUS, por sus siglas en inglés) en Puerto Rico. CHAMPUS era un programa del Departamento de Defensa que reembolsaba a sus beneficiarios por la atención prestada por hospitales y consultorios del sector privado. La función de asesor/consejero de CHAMPUS consumía mucho tiempo. Exigía muchas horas explicarles a los pacientes y a los profesionales de la salud los detalles del programa.

La mayoría de los beneficiarios de CHAMPUS en la isla tenían un dominio limitado del idioma inglés y se encontraban con enormes dificultades para usar el programa. Para ellos era muy difícil entender los términos burocráticos de los formularios de reembolso, así como el manual de instrucciones.

Para ayudarlos, desarrollé dos iniciativas. En primer lugar, entrené a la Sra. Epstein, mi secretaria bilingüe, y la nombré asesora/consejera adjunta de CHAMPUS. Como tal, ella podía asesorar a los beneficiarios y ayudarlos a completar sus formularios de reembolso. En segundo lugar, traduje los formularios y manuales de instrucciones de CHAMPUS al español. Tardó un par de semanas imprimir los formularios y folletos al español, pero estas iniciativas redujeron las dificultades. Los beneficiarios completaban los formularios con mayor rapidez, y los proveedores locales comenzaron a recibir sus reembolsos a tiempo. En general, todos los que usaban el programa quedaban satisfechos.

Muchas mejoras

A continuación, me ocupé del aspecto físico de la clínica. Los pacientes no tenían una sala de espera separada de la sala de urgencias, y los pisos y las paredes estaban descoloridos.

Uno de mis sargentos era un buen carpintero y, tras extensas conversaciones con mi cuartel general, conseguí los fondos para remodelar la clínica. La remodelación no fue fácil. Teníamos que trabajar entre los pacientes y aprovechar al máximo los fines de semana y días feriados. Cada soldado (incluyéndome a mí) colaboró voluntariamente. En un par de meses, construimos una nueva sala de espera, pintamos el interior con colores armonizados, añadimos paneles decorativos a algunas de las paredes y enceramos de nuevo los pisos. Después de mucho trabajo, ¡teníamos una clínica mucho más atractiva y acogedora!

OTROS RETOS

Otro reto al que me enfrenté fue tener dos jefes (el Coronel Josiah Wallace, oficial de Infantería y comandante de Fort Buchanan) y el General de Brigada John W. White (comandante general del Centro Médico Dwight D. Eisenhower del Ejército, en Augusta, Georgia).

Se rumoraba que el Coronel Wallace había descarrilado las carreras de algunos oficiales porque era extremadamente exigente y difícil de complacer. Le obsesionaban los posibles conflictos militares en el Caribe y el rol de Fort Buchanan en ellos. Programaba numerosas reuniones sobre la preparación militar, así como sesiones informativas mensuales para demostrar progreso.

Yo tenía que informarle todas las estadísticas relacionadas con la clínica, incluyendo el número de pacientes atendidos, de procedimientos realizados y de pacientes trasladados a otros centros. Estas tareas adicionales añadían varias horas de trabajo a mi apretada agenda semanal.

No era fácil trabajar con recursos limitados (a miles de kilómetros de mi sede principal) y, a la vez, satisfacer los deseos de un jefe local muy exigente. Las órdenes y peticiones de mis dos jefes a veces se sobreponían, lo que me obligaba a terminar un proyecto con retraso o a trabajar horas extras para cumplir ambos plazos.

Aprendí rápidamente que la mejor manera de desarrollar una buena relación de trabajo con el Coronel Wallace era apoyar sus prioridades y mantener buenas estadísticas en la clínica. Cuando vio que yo priorizaba sus peticiones y entregaba las estadísticas a tiempo, relajó sus plazos en otros proyectos, lo que me permitió cumplir las expectativas de ambos jefes.

A pesar de los retos burocráticos, las necesidades de nuestros pacientes eran primordiales para mí. Cuando empezamos a remodelar la clínica, mi enfermera me informó que una paciente estaba muy molesta porque no tenía modo de transporte para acudir a una cita en un hospital civil. Entré en la sala de espera y vi a una joven embarazada angustiada y casi llorando. Ella pensaba que la clínica proporcionaba transporte a los pacientes. Estaba tan disgustada por no poder acudir a su cita que me ofrecí a llevarla en mi auto. Se le iluminaron los ojos, y aceptó. Proporcionarle esto no era un inconveniente mayor; me alegraba hacerlo porque ella necesitaba ayuda.

Unos días más tarde, conocí al especialista Droz, el chófer del Coronel Wallace. Después de presentarse, me dijo:

> Mi esposa estaba muy disgustada porque iba a faltar a una cita en un hospital local, y usted se desvivió por ayudarla. Ella me lo contó todo y se lo comenté al Coronel Wallace. Conozco muy bien la reputación del coronel, pero él estaba tan impresionado por lo que usted hizo que usted no va a tener problema alguno con él.

MEJORANDO RELACIONES

El Coronel Wallace también consideraba una prioridad mantener las áreas verdes de Fort Buchanan. Una vez al mes, requería que todo el personal militar se reuniera frente al cuartel general para pasar el día limpiando alcantarillas, sembrando arbustos y podando árboles.

Un día intensamente caluroso, el jefe de la Oficina del Inspector General se enfermó de agotamiento físico trabajando en uno de los proyectos de áreas verdes del coronel. Estaba fatigado, mareado y sudaba mucho. Le ayudaron a llegar a la clínica y pudimos atenderlo.

Yo tuve la desagradable tarea de informarle el desafortunado suceso al Coronel Wallace. Se puso de mal humor y aplazó inmediatamente el proyecto hasta que todo el mundo recibiera entrenamiento sobre cómo prevenir y tratar las enfermedades causadas por el calor.

Al principio, el coronel quería incluir a mis soldados en sus proyectos. Le convencí de que debía prescindir de ellos porque yo tendría que cerrar la clínica. Al darse cuenta de que se vería inundado por quejas de los residentes de Fort Buchanan, excluyó a mi personal a regañadientes. Yo, por mi parte, accedí a mantener los alrededores de la clínica de acuerdo con sus normas.

Un domingo lluvioso, el Coronel Wallace me llamó y me pidió que me presentara en su casa en ropa de trabajo. "Vamos a buscar más plantas para la clínica", me dijo. Cuando llegué, él ya estaba en su camioneta con un par de palas y azadas. Me subí, y nos pusimos en marcha.

Llovía a cántaros mientras recorríamos las áreas de Fort Buchanan en busca de plantas. Cada vez que veía una planta que le gustaba, me indicaba que la desenterrara y la metiera en el baúl. Un par de horas después, el coronel condujo hasta la clínica, donde me dio instrucciones detalladas para sembrarlas. Agotado, mojado y cubierto de barro, terminé su extraño proyecto.

Esta incómoda experiencia mejoró mi relación con el Coronel Wallace. Se dio cuenta de que yo estaba dispuesto a seguir sus instrucciones sin objeciones, así que confió más en mí y dejó de microgestionar la clínica.

LA VISITA DEL GENERAL

Cuando el General de Brigada White hizo su primer viaje a la clínica, coordiné un viaje al Hospital Naval en Roosevelt Roads. A medida que nos acercábamos al pueblo de Luquillo, se maravilló con las ondulantes olas verde turquesa de la playa junto a la carretera. Como íbamos adelantados, me ofrecí a llevarlo a nadar. Yo traía dos trajes de baño en el auto, así que él aceptó encantado y me pidió uno prestado. Durante los siguientes cuarenta y cinco minutos, disfrutó de las cálidas aguas y el aire salado de la playa de Luquillo.

El tiempo que pasamos en la playa me ayudó a desarrollar una buena relación con el general. Pude compartir, en un ambiente relajado, detalles sobre mi familia, mis primeros años en Puerto Rico y mi carrera. También enumeré los retos a los que me enfrentaba en la clínica y algunas de las mejoras que ya habíamos introducido. El general se mostró menos severo, y mi relación con él pasó de ser profesional a personal.

Al día siguiente, lo llevé a la oficina del Coronel Wallace. El coronel no era una persona halagadora, así que me quedé boquiabierto cuando elogió mi trabajo y enumeró los cambios que yo había hecho en la clínica. Después de esta visita, llevé al general a la clínica para que conociera a mi personal. La mayoría de ellos nunca habían conocido a un general del Ejército. Lo más importante es que estaban encantados de conocer a nuestro "gran jefe" del continente.

Mi personal lo rodeó, presentándose individualmente, dándole la bienvenida a la clínica y haciéndole preguntas. ¡Fue una visita estupenda! Antes de su partida, el general se comprometió a apoyar a la clínica y designó a un miembro de su personal como punto de contacto en caso de que yo necesitara ayuda.

Imagen 19. El autor con el General de Brigada John W. White, en la Playa de Luquillo.

Siete meses después de llegar a Fort Buchanan, nos enteramos de que llegaría un coronel del Comando de los Servicios de Salud del Ejército (HSC, por sus siglas en inglés) en San Antonio para anunciar que iban a cerrar la clínica dental. Cerrarla sería desastroso para nuestros beneficiarios, ya que los obligaría a viajar más de dos horas hasta la base naval para recibir atención dental o acudir a dentistas civiles a costo suyo. Enumeré estas dificultades en un informe que pensaba presentarle al coronel visitante.

Antes de que el coronel llegara, programé un viaje a la base naval. El tráfico intenso retrasó nuestro viaje de dos horas por cuarenta y cinco minutos adicionales. Al llegar a la base, mi visitante estaba agotado y mareado. Cuando nos acercamos a la clínica, nauseabundo y sumamente cansado, me preguntó por qué lo había traído allí. Le dije: "Señor, yo quería que usted experimentara lo que mis pacientes tendrán que soportar si no tenemos una clínica dental en Fort Buchanan". De regreso a San Juan, me agradeció profusamente el viaje. También me dio las gracias por ilustrarle las dificultades a las que se enfrentarían mis pacientes si tuvieran que ir a la base naval. En lugar de anunciar el cierre de nuestra clínica dental, ¡decidió modernizarla para que pudiéramos atender mejor a nuestros pacientes!

Un mes después, recibimos dos sillas dentales nuevas, algunos equipos que necesitábamos y suministros. Además, recibimos partidas adicionales en el presupuesto para el mantenimiento de nuestros equipos y para que nuestro personal pudiera asistir a cursos de formación en el continente. ¡Yo no podía estar más contento!

Recibimos aún más apoyo después de que el General de División Spurgeon Neel, comandante del HSC, visitara Puerto Rico para asistir a un evento de la Guardia Nacional. No podía desperdiciar la oportunidad de presentarle nuestra clínica y las otras unidades médico-militares de la isla, así que le preparé un itinerario de una semana. El itinerario incluía visitas a las unidades de la Reserva y la Guardia Nacional en Puerto Rico, al Hospital Naval y a nuestra clínica.

Envié el itinerario propuesto al edecán del general. Al leerlo, el general quedó tan impresionado que lo aceptó sin cambios. Después de su exitosa visita a Puerto Rico, se puso en contacto con el General White para solicitar que yo recibiera todos los recursos necesarios para atender a mis pacientes.

Me alegró el giro de los acontecimientos. Durante demasiado tiempo, la clínica había funcionado con equipos anticuados.

Pudimos modernizar los equipos y atender mejor a nuestros pacientes. Años más tarde, cada vez que yo veía al General Neel, me mencionaba que el viaje a Puerto Rico había sido uno de los más memorables de toda su carrera militar.

Durante los seis meses siguientes, la vida fue mucho más fácil en Fort Buchanan. Seguí recibiendo los suministros y equipos que necesitaba, así como los fondos para pagarle al Hospital de Veteranos por los análisis de laboratorio. Nuestros pacientes estaban satisfechos, y la moral de mi personal estaba alta.

Nuestro traslado a Puerto Rico hizo que mi esposa se empapara de una nueva cultura, idioma y costumbres. Con el paso del tiempo, la emoción inicial de vivir en el trópico se desvaneció y apareció la nostalgia. Ella echaba de menos su red social, las comodidades de la vida en el continente, las amistades más cercanas y los cambios de las estaciones.

Se acercaba el final de mis tres años en Fort Buchanan cuando recibí la noticia de que el General White iba a visitarnos de nuevo. Tras su primera visita, se había mostrado extremadamente cooperador y me había concedido prácticamente todas las peticiones que le había presentado.

Durante esta visita, el general reunió a mi personal y enumeró mis logros y los grandes progresos que habíamos hecho en la creación de un sistema de salud eficiente tan lejos del continente. Al terminar, me concedió la Medalla de Reconocimiento del Ejército (Army Commendation Medal).

Me quedé sin palabras y muy emocionado por el reconocimiento del general. Su gesto me sorprendió: me sentí muy orgulloso mientras él hacía la entrega. Recibir el reconocimiento delante de mi personal significó mucho para mí. Todo el trabajo y la dedicación habían merecido la pena.

Después de la visita del general, me llegaron otras buenas noticias. Me informaron que había sido seleccionado para ascender al rango de mayor. Con este ascenso, dejaría las filas de los oficiales subalternos para unirme a las de los oficiales superiores. Además, incluía un aumento de sueldo y la elegibilidad para acceder a mejores viviendas para mi familia. No pude ocultar mi emoción e, inmediatamente, compartí la gran noticia con mi familia y el personal de la clínica.

Imagen 20. El General de Brigada John W. White entrega al autor la Medalla de Reconocimiento del Ejército (Army Commendation Medal).

A esto le siguió otra buena noticia. Yo había solicitado admisión en el Programa en Administración de Servicios de la Salud del Ejército y la Universidad de Baylor (U. S. Army-Baylor Program in Healthcare Administration) y me enteré de que me habían seleccionado.

Este curso, altamente competitivo y de dos años de duración, era un paso importante para lograr futuras posiciones de liderazgo en el sistema de salud militar. Llevado a cabo en Fort Sam, solamente seleccionaban 18 oficiales en todo el Departamento de Defensa para asistir al curso. Al graduarse, los oficiales recibían un máster en Administración de Servicios de la Salud de la Universidad de Baylor.

Mi trabajo en Puerto Rico había sido muy difícil. Mi papá fue quien mejor resumió las muchas horas de dedicación y el arduo esfuerzo necesario para cumplir con la misión de la clínica al comentar: "Hijo, nosotros te veíamos más a menudo cuando vivías en el continente que cuando vivías en Fort Buchanan".

A pesar de las muchas dificultades, y con la ayuda de mi personal, había transformado la clínica en un magnífico centro de salud. Además, se redujo prácticamente a cero el número de quejas de los pacientes. También forjé alianzas con otras organizaciones médicas de la isla, incluyendo el Hospital de Veteranos y el sector privado. Estas relaciones me ayudaron a tener éxito en mi primer trabajo como administrador de una organización de prestación de servicios de salud.

Como me dijo un compañero: "¡Jake, te has convertido en el representante de mayor confianza del Departamento Médico del Ejército en Puerto Rico!".

DEJANDO EL TERRUÑO, OTRA VEZ

Partir de Fort Buchanan no fue fácil. Dejaba atrás a mis queridos padres y una clínica que había modernizado desde cero. Me despedía de un motivado grupo de empleados civiles y soldados, la mayoría de los cuales yo había reclutado y formado, y que realizaban su trabajo con total dedicación. En julio de 1974, cesé mis funciones en la clínica. Después de despedirme de mis soldados y del personal civil, mi familia y yo viajamos a mi pueblo natal, donde, con un nudo en la garganta, abracé a mis padres para decirles adiós.

Mi esposa y mis hijos estaban felices de volver a Texas. Yo, por mi parte, esperaba con gran expectativa un nuevo reto como estudiante de posgrado en el Programa en Administración de Servicios de la Salud del Ejército y la Universidad de Baylor.

CAPÍTULO 5

SUBIENDO DE RANGO

AL LLEGAR A FORT SAM, ME ENTERÉ DE QUE NO HABÍA CASAS disponibles en el puesto, así que mi esposa y yo tuvimos que comprar una. Me puse en contacto con un agente de bienes raíces, y pudimos encontrar una bonita vivienda de tres dormitorios a unos treinta minutos de Fort Sam.

Un par de días después de mudarnos a nuestro nuevo hogar, me presenté en la Academia de Ciencias de la Salud (AHS, por sus siglas en inglés) para comenzar mis estudios. Mi clase estaba formada por 34 oficiales del Ejército, la Armada, la Fuerza Aérea y el Departamento de Asuntos de los Veteranos (VA, por sus siglas en inglés). El primer año incluiría un intenso trabajo académico, seguido por un año de residencia en un hospital militar u otra organización importante del sector salud.

Le expliqué los requisitos académicos a mi familia. Acordamos que dedicaría las tardes de los viernes a actividades familiares y el resto del tiempo a la investigación, la redacción de trabajos académicos y las sesiones de estudio en grupo.

Mantener una comunicación abierta y honesta fue esencial para que mi esposa entendiera los requisitos académicos del Programa del Ejército y la Universidad de Baylor. Al conocer los desafíos a los que me enfrentaba, pudo ofrecer su apoyo a lo largo de este exigente período de nuestras vidas. Este enfoque de colaboración fomentó una fuerte asociación y aseguró que navegáramos juntos la intensidad del programa.

El primer día de clases transcurrió sin incidentes, hasta que el director del programa caminó apresuradamente hacia donde yo estaba sentado.

—Mayor Lozada, me han informado que el Mayor General Neel quiere que usted pase por su oficina. ¿Hay alguna razón en particular por la que él quiera verlo?

—Señor, no sé por qué el General Neel me quiere ver — respondí rápidamente.

—Si yo fuera usted, iría a verlo enseguida.

Con paso apresurado, me dirigí al Cuartel General del HSC, situado enfrente de la AHS. Al entrar, el General Neel me pidió que lo siguiera a una de sus oficinas.

—Hola, Jake, ¡me da mucho gusto verte de nuevo! ¿Sabes por qué quería verte? —me dijo cuando entramos.

—No, señor —le contesté.

—Después de conocerte en Puerto Rico, mi edecán iba a ser trasladado, y yo necesitaba un sustituto. Llegué a la conclusión de que eras el mejor candidato para ocupar su puesto. Posteriormente, me enteré de que habías sido seleccionado para asistir al curso de maestría auspiciado por Baylor. Asistir al curso sería mejor para tu carrera en el Ejército, así que no pedí que te asignaran a ser mi edecán. No obstante, quería que lo supieras y vieras la oficina que ibas a ocupar.

Me conmovió tanto el gesto del General Neel que fui incapaz de articular palabra. Considerarme su candidato principal para el puesto de edecán era un tremendo elogio.

EL MUNDO ACADÉMICO

La mayoría de mis compañeros en el curso ya tenían maestrías y experiencia en investigación y redacción de trabajos académicos. Yo no. Eso les daba ventaja y les facilitaba las tareas académicas.

Nuestros trabajos tenían que mecanografiarse siguiendo formatos específicos. Encontré una estupenda mecanógrafa no muy lejos de mi casa que me ayudó mucho. Cuando yo terminaba de escribir a mano cada trabajo, lo echaba en el buzón de correos frente a su casa. Al mediodía del día siguiente, el trabajo ya estaba mecanografiado a la perfección.

El programa académico era extremadamente difícil. Los profesores nos asignaban lecturas largas en distintos temas y tareas difíciles a diario. Nunca había tiempo suficiente para completar el trabajo académico. Todas las noches, después de cenar con mi familia, me encerraba en una pequeña oficina en mi casa y estudiaba hasta la medianoche. También formaba parte de un grupo de estudio que se reunía semanalmente para completar las tareas en grupo.

A pesar de que el curso me exigía mucho, encontré tiempo para participar en actividades deportivas. Fui jugador y entrenador de los equipos de voleibol y baloncesto de los estudiantes, y jugué al *softball* contra el profesorado. Estas actividades me dieron un respiro del entorno académico. También me ayudaron a establecer buenas relaciones con mis compañeros y los profesores.

Casi al final del primer año, nos pidieron que hiciéramos una lista de nuestras opciones principales para el año de la residencia. Elegí como primera opción al Centro Médico Brooke (Brooke Army Medical Center) en Fort Sam y como segunda el Centro Médico Dwight D. Eisenhower (Dwight D. Eisenhower Army Medical Center) en Fort Gordon, Georgia.

Yo prefería el Centro Médico Brooke porque no tendría que trasladar a mi familia. No obstante, el Centro Médico Dwight D. Eisenhower era mi cuartel general superior cuando estaba en Fort Buchanan, y ya conocía a su comandante, el General White, y a su personal. No me decepcioné cuando me dieron mi segunda opción.

Conocí al preceptor de mi residencia, el Coronel Marion P. Johnson, durante las etapas finales del primer año del programa didáctico. Los preceptores eran líderes en el sector salud y ejercían el rol de mentores de los estudiantes durante el segundo año del programa de Baylor. Muchos eran antiguos alumnos del programa. De voz suave, eficiente y amable, el Coronel Johnson era el oficial ejecutivo del centro médico. Tenía fama de ser uno de los mejores administradores de hospitales del Ejército. Durante una de sus visitas a Fort Sam, lo invité a cenar a casa para que conociera a mi familia y pudiéramos conocernos mejor. Durante la cena, me explicó los requisitos de mi residencia y de lo que esperaba de mí. El tiempo que pasamos juntos sentó las bases de una amistad que ha durado décadas.

El 7 de julio de 1978, mi familia se reunió conmigo en el Auditorio Willis (Willis Hall) para nuestra graduación. También estaban presentes altos oficiales de la Universidad de Baylor y la AHS. Habíamos soportado un año académico agotador y ahora volvíamos a un entorno normal sin tareas, exámenes o sesiones de estudio. Mi familia estaba orgullosa de mí y feliz de tenerme de vuelta sin las presiones y el estrés del curso. Para celebrar mi graduación, salimos a cenar a un restaurante local. El 26 de septiembre recibí mi informe académico:

> El Mayor Lozada fue realmente un estudiante y un oficial sobresaliente a lo largo de este exigente programa de posgrado. Sus respuestas a cada uno de los numerosos requisitos de los cursos demostraron su madurez, prontitud y aguda inteligencia. Posee el potencial para una carrera altamente exitosa en el Departamento Médico del Ejército. Se recomienda su ingreso en la Escuela de Mando y Estado Mayor General.[1]

La Escuela de Mando y Estado Mayor General (Command and General Staff College) era requisito para ascender al rango de teniente coronel. El curso desarrollaba líderes para operaciones militares en entornos operativos multinacionales. Era un curso militar que todos los oficiales con mi rango y experiencia querían completar.

GEORGIA

Un par de semanas después, mi familia y yo hicimos el largo viaje de dos días de San Antonio, Texas, a Fort Gordon, Georgia, en dos autos. Uno de ellos no tenía aire acondicionado. Viajé en este auto con el calor abrasador del verano del sur, el cual casi derretía el asfalto.

Después de instalarme en una vivienda de tres dormitorios en el puesto militar, me presenté en el centro médico, donde me asignaron una oficina en la sede central (*headquarters*) del centro médico. Tener un despacho cerca del Coronel Johnson y del General White tenía una ventaja adicional: me permitía relacionarme estrechamente con ellos y con otros altos oficiales.

El centro médico fue un cambio agradable respecto al estresante entorno académico del programa de Baylor. Tener al Coronel Johnson como preceptor fue una verdadera bendición porque me permitió adentrarme en las áreas administrativas y clínicas del hospital, y observar su trabajo como alto ejecutivo.

Augusta contaba con excelentes hospitales del sector privado y un centro médico para los veteranos. Como parte de la residencia, visité varios centros médicos, prestando especial atención a las diferencias y similitudes entre ellos. Tenía que redactar informes detallados de las visitas, con una lista de las lecciones aprendidas. Cada trimestre, debía presentarlos al profesorado del programa para su revisión y aprobación. Entre estas visitas y el liderazgo del Coronel Johnson, aprendí, de primera mano, el rol de un administrador de un centro médico. Esa experiencia me preparó para poder dirigir mi propio hospital algún día.

Casi al final de mi residencia, llegó nuevamente el momento de llamar al oficial que manejaba mi carrera para hablar acerca de mi próximo trabajo. Me ofreció tres opciones: jefe de Administración de Pacientes en el Hospital del Ejército en Heidelberg, Alemania; un puesto en la Oficina del Cirujano

General en el Pentágono; o inspector general (IG) en el HSC en San Antonio. El trabajo de alta visibilidad en el Pentágono mejoraría mi carrera, pero el costo de vida en Washington D. C. era extremadamente alto. Aunque Heidelberg era una opción interesante, mi esposa, cuya familia vivía en Houston, me convenció para que aceptara el puesto de IG.

Como IG, tendría que viajar mucho, pero a mi esposa le encantaba Texas, y volver a San Antonio nos parecía lo menos perjudicial. El puesto de IG era difícil, aunque me brindaba una oportunidad única de ampliar mis conocimientos sobre la gestión y administración de hospitales.

El equipo de inspectores del HSC evaluaba las actividades médicas, odontológicas y veterinarias del Departamento Médico del Ejército de los Estados Unidos continentales, Panamá, Alaska y Puerto Rico. También inspeccionaba la Academia de Ciencias de la Salud en Fort Sam. El equipo estaba formado por entre 10 y 12 inspectores permanentes, incluyendo enfermeras, dentistas, veterinarios y otros especialistas.

Mis funciones incluían inspeccionar las áreas de administración de pacientes: admisiones y disposiciones (altas) de pacientes, tesorería, historiales médicos y bioestadística, entre otras. También inspeccionaba las clínicas de salud fuera de los hospitales y otros servicios profesionales. Mi horario de trabajo era siempre apretado porque algunas de las clínicas que tenía que inspeccionar estaban ubicadas en lugares remotos.

Ser inspector general era estresante. Viajábamos cada dos semanas y teníamos que ser expertos en las áreas que inspeccionábamos. Se nos veía como una amenaza porque las evaluaciones anuales del rendimiento de los oficiales a veces se basaban en los resultados de nuestras inspecciones.

Sin embargo, algunos viajes fueron muy agradables. En Alaska, viajé a diferentes lugares del Ejército y aprendí mucho sobre nuestra "última frontera". Sus llanuras árticas y sus picos montañosos, polvoreados de nieve, eran un espectáculo para la vista. Mi viaje de dos semanas a Panamá me brindó la oportunidad de explorar el canal de Panamá durante el fin de semana.

Aunque agradecía la oportunidad de explorar nuevos lugares, cada viaje era, en el fondo, un viaje de trabajo, y eso tenía sus propias complicaciones. Por ejemplo, la inspección de Panamá tuvo lugar cuando el Gobierno estadounidense le estaba transfiriendo el control del canal al Gobierno panameño. Cuando llegamos, se respiraba un malestar palpable y un ambiente hostil; la tensión se sentía en el aire. Debido a la situación política, se nos aconsejó que no vistiéramos nuestros uniformes militares fuera de nuestro hotel.

Aprender, aprender...

A mitad de nuestra inspección del Hospital del Ejército en Fort Stewart, Georgia, el Ejército anunció la lista de oficiales seleccionados para ascender a teniente coronel. Yo estaba en la lista, pero un colega de nuestro equipo de inspectores no lo estaba. La noticia de que él no había sido seleccionado me afectó personalmente. Tuve que controlar mi regocijo delante de mis compañeros de trabajo para no ofenderlo. El resto de la semana fue muy incómoda para mí porque sabía lo desolado y decepcionado que mi compañero se sentía.

Aunque el trabajo de inspector general era estresante, convertirme en un experto funcional en la administración de hospitales, estar al día de las políticas y normativas del sector salud e inspeccionar varios centros médicos me ayudó mucho dentro y fuera del Ejército. También me brindó la oportunidad única de aprender cómo funcionaban las distintas organizaciones de la salud, cómo se podían medir y prestar servicios de calidad, y cómo el buen liderazgo marcaba la diferencia en la gestión de organizaciones complejas.

Utilicé esos conocimientos y experiencia en mi siguiente puesto como comandante del 8.º Hospital de Apoyo al Combate: un hospital de 200 camas en Fort Ord, California. Como era considerado un paso importante para llegar a coronel, yo había aceptado el puesto, encantado, cuando me lo ofreció el oficial que manejaba mi carrera.

¡SÚPER 8.º!

Fort Ord, situado en la península de Monterrey, California, era la sede de la 7.ª División de Infantería. Su comandante, un general de dos estrellas, se convertiría en el evaluador "sénior" de mi reporte anual de desempeño.

Vivir cerca de la hermosa ciudad de Carmel era una gran ventaja para mi familia. Teníamos acceso a sus hermosos alrededores, al pintoresco "Trayecto de las 17 millas" y a la costa del Pacífico, con su litoral montañoso, sus playas y sus puertos. La ciudad de San Francisco, que a mi familia y a mí nos encantaba visitar, estaba a solo dos horas de distancia.

Mi plan era utilizar mis cuatro años de experiencia como IG para reforzar las funciones clínicas y administrativas del hospital, pero también deseaba volver a liderar soldados.

El hospital contaba con un grupo de oficiales reducido pero muy eficiente y con un excepcional grupo de sargentos. El sargento de más alto rango era el Primer Sargento Pedrigo Regala, nacido y criado en las Filipinas. Era uno de los sargentos más estrictos que yo había conocido, aunque muy generoso. La mayoría de los domingos se paseaba por las barracas e invitaba a los soldados al cine de Fort Ord, con todos los gastos pagados por él. Para mis soldados, cuyos sueldos eran bastante bajos, representaba un acto especial de generosidad.

Imagen 21. El autor asumiendo el mando del 8.º Hospital de Apoyo al Combate.

Durante mis dos años al mando del hospital, nuestra unidad se desplegó varias veces en ejercicios de entrenamiento para perfeccionar las destrezas de los soldados y poner a prueba nuestros equipos de campaña. Los despliegues pusieron a prueba mi capacidad para planificar y ejecutar misiones complejas sobre el terreno. Durante el despliegue, utilizamos estructuras inflables para instalar nuestro hospital.

Unos generadores auxiliares de energía mantenían infladas las estructuras del hospital. También proporcionaban aire acondicionado a los quirófanos, la farmacia, el laboratorio y algunas áreas administrativas. El mantenimiento de las unidades inflables era una tarea enorme. Se desgarraban constantemente, por lo que había que ponerles parchos con un pegamento especial, difícil de aplicar. Sus paneles de plástico, con superficies brillantes que irradiaban calor, complicaban aún más el mantenimiento de un entorno confortable en el desierto de California. Para enfriarlos, decidimos regarlos con mangueras de agua. La idea funcionó bien, y se redujo la temperatura interior de las unidades.

Durante nuestros despliegues, el número de soldados del hospital se duplicaba, al añadir personal clínico del Hospital Silas B. Hayes de Fort Ord. Existía una razón lógica para este crecimiento. Cuando nuestro hospital de campaña no estaba desplegado, el personal se encargaba del mantenimiento de los equipos y se entrenaba para garantizar sus destrezas en tareas individuales y colectivas. Sin embargo, durante nuestros despliegues, se necesitaba personal de enfermería, médicos y auxiliares para dotar de personal al hospital por completo. Tuve que desarrollar programas de entrenamiento para ayudar al personal entrante a adaptarse a nuestra unidad.

Cuando nuestra unidad regresó de uno de los ejercicios de entrenamiento, desafié a mi personal a que obtuviera la Insignia de Experto en Medicina de Campo (EFMB, por sus siglas en inglés).

La EFMB era una de las insignias del Ejército más difíciles de conseguir. Menos del 20 % de los candidatos que comenzaba la prueba la obtenía. La EFMB reconocía las habilidades excepcionales del personal médico. Los candidatos eran examinados a todas horas durante un ejercicio de entrenamiento de campo de tres días. Las pruebas más difíciles eran un examen escrito de tres horas y una caminata/carrera de 12 millas en todo tipo de terreno, la cual se tenía que completar cargando un rifle.

Convoqué a mi personal y los motivé a inscribirse en la competencia; yo también me inscribí. Me motivaron el reto y la necesidad de darle el ejemplo a mis soldados. Ocho miembros del hospital se inscribieron. Para prepararnos, desarrollé un programa de entrenamiento que hacía hincapié en múltiples aspectos de la medicina de campo. Practicamos y entrenamos a diario durante dos meses.

¡Llegó el día de la prueba, y estábamos preparados! El ritmo, a lo largo de los tres días, fue implacable, y tuvimos muy poco descanso. Diferentes situaciones tácticas nos exigían realizar múltiples tareas, como llamar a helicópteros militares para evacuar pacientes y administrar primeros auxilios y tratamiento. Esos tres días resultaron más fuertes de lo que esperaba, pero me fue bien en todas las pruebas. Me había entrenado a conciencia, incluyendo la caminata/carrera de 12 millas, la cual había completado un par de veces en el tiempo previsto.

Fue emocionante ver a nuestras familias reunidas al final de las 12 millas, animando y aplaudiendo eufóricos a medida que nos acercábamos a la meta. Exhaustos, nos pusimos en fila —en formación militar—, para que nuestro comandante de brigada nos entregara la codiciada EFMB. Cuando me colocó la insignia en el pecho, no pude ocultar el enorme orgullo que sentí por mi personal; todos los candidatos del hospital superamos la prueba.

Varias semanas después de la EFMB, nuestro hospital fue reconfigurado a un hospital de 400 camas. Este cambio añadió unidades inflables y estructuras, equipos médicos, vehículos pesados, suministros y personal. Absorber y formar a nuestro creciente personal fue difícil, ya que la gran mayoría no había trabajado en una unidad de campo. Ayudé a los nuevos miembros del personal a adaptarse al nuevo entorno estableciendo un programa de entrenamiento para enseñarles a mantener el equipo de campo y a realizar las tareas que se les asignaban.

Dirigí nuestro hospital durante varios despliegues por aire y tierra para participar en ejercicios en los desiertos de California y Texas. Durante uno de estos despliegues, pusimos a prueba, con éxito, las capacidades de nuestro hospital recientemente reconfigurado.

El transporte de nuestros soldados, equipos y suministros fue una tarea complicada. Tuvimos que coordinar el uso de medios de transporte terrestre, ferroviario y aéreo. La Teniente Yolanda Matos, una joven oficial que coordinó el transporte de nuestro hospital, me sorprendió de la mejor manera. Hizo un trabajo magnífico con muy poca formación y experiencia en el Ejército.

Estos ejercicios mejoraron nuestra preparación en caso de un despliegue a una zona de guerra. También motivaron a nuestros soldados.

Mis soldados obtuvieron muchas distinciones, individualmente y como unidad. Una de mis soldados, la Sargento Jennifer Craig, fue elegida soldado del año, compitiendo contra más de 7,000 soldados en Fort Ord. Era la única mujer entre los 12 finalistas. Otra soldado, por iniciativa propia, diseñó y cosió una bandera especial para el hospital. Hizo un trabajo tan excelente que ordené la construcción de un mástil frente a nuestro edificio. Izábamos la bandera con orgullo durante nuestras formaciones matutinas. ¡Nuestro hospital, conocido como "Súper 8", se convirtió en una de las mejores unidades de Fort Ord!

Imagen 22. El 8.º Hospital de Apoyo al Combate durante maniobras militares.

DE REGRESO A TEXAS

Lamentablemente, mi periodo al mando del "Súper 8" llegaba a su fin y, de nuevo, tuve que ponerme en contacto con el oficial que manejaba mi carrera para negociar mi próximo destino. Odiaba dejar el área de Monterrey y el "Súper 8", pero mi asignación militar era de dos años solamente. Había pocos puestos disponibles en administración de hospitales en el Ejército, así que decidí volver a Fort Sam como jefe de la Subdivisión de Reestructuración, Asignaciones, Seguridad e Inteligencia del HSC. Mi familia estaba entusiasmada con la idea de volver a Texas.

La transición de tener el mando de un hospital de campo a un puesto burocrático fue desgarradora. En lugar de dirigir soldados, desplegarlos a lugares difíciles y supervisar ejercicios de entrenamiento sobre el terreno, ahora tenía un trabajo de oficina, de mucha burocracia, con mucho papeleo y trámites administrativos. La mayoría de estas acciones implicaban la aprobación o desaprobación de cambios organizativos presentados por organizaciones subordinadas al HSC.

El 16 de mayo de 1985, el ritmo de mi nuevo trabajo se vio interrumpido por una noticia sobrecogedora: mi pueblo natal había elegido a mi mamá "Madre del Año". El premio era el mayor reconocimiento otorgado a una persona en mi pueblo.

A la ceremonia de entrega, celebrada en el Club de Leones, asistieron dirigentes del Gobierno, miembros destacados de la comunidad, autoridades eclesiásticas y muchos amigos de mi mamá. Según la mención, había sido seleccionada por "ganarse el respeto, la admiración y el cariño de sus conciudadanos; su excelente labor en favor de San Lorenzo; su liderazgo eclesiástico; y, especialmente, su apoyo a los más desfavorecidos".

Varios días después, mi mamá volvió a ser reconocida en un acto celebrado en San Juan. Toda nuestra familia estaba emocionada. Los vecinos y los miembros de su iglesia estaban eufóricos por los reconocimientos tan merecidos. Había sido una larga trayectoria para mi mamá desde las frías montañas de Guayama —donde, de niña, dormía en un colchón hecho de hojas secas de plátano—, hasta ser reconocida públicamente como Madre del Año.

Yo no pude asistir a estos actos, pero mi papá me compartió minuciosamente todos los detalles. Unos meses más tarde, me fui de vacaciones a la casa de mis padres y pude felicitar a mi mamá en persona. Como siempre, fui a pescar con mi papá y mi hermano menor. En una de nuestras salidas de pesca, noté que mi papá tenía un aspecto inusualmente decaído y pálido. Se lo comenté, y aceptó ir al médico.

Un par de semanas después de regresarme a casa, lo llamé para ver cómo estaba. ¡Le habían diagnosticado anemia aplásica! Su cuerpo había dejado de producir nuevas células sanguíneas. Llamé a un hematólogo militar retirado, amigo mío, que residía en Humacao. Accedió a tratarlo, pero su condición no mejoró.

Diez meses después, fui a ver a mi papá de nuevo. Cuando llegué a la casa de mis padres, lo encontré muy adolorido. No obstante, al verme, dijo: "Ahora la familia está completa".

A la mañana siguiente, mi mamá, mi hermano menor y yo lo llevamos a un hospital en San Juan para hacerle unas pruebas diagnósticas. Después de ingresarlo, mi mamá y mi hermano se fueron a traernos comida. Mientras estaban afuera, mi papá me pidió una taza del café que mi mamá había traído en un termo. Cuando le di la espalda, tomó un sorbo y me dijo: "Tu mamá hace el mejor café del mundo".

Cuando di la vuelta, noté que tenía los ojos fijos y que sus pupilas ya no respondían a la luz. Corrí a buscar a una enfermera. Ella lo examinó y me dijo que mi querido papá había muerto.

¡Yo estaba totalmente conmocionado y desesperado! ¡Me costaba asimilar lo que estaba pasando! Corrí al parque de estacionamiento a esperar a mi mamá y a mi hermano. Mientras esperaba, cada minuto me parecía una eternidad.

Cuando llegaron, les conté la terrible noticia. Estábamos todos desolados. Mi mamá no podía creer lo que estaba pasando, y mi hermano y yo estábamos llorando. Volvimos al hospital en silencio para disponer de los restos de mi papá. Después de este doloroso proceso, volvimos a casa de mis padres y apenas hablamos mientras planeábamos el funeral.

Por varios meses después de su funeral, investigué las causas de la anemia aplásica para intentar averiguar cómo mi papá pudo haber contraído esa enfermedad. Después de investigar mucho, aprendí que algunos productos químicos tóxicos de los pesticidas e insecticidas habían sido relacionados con esa enfermedad. Mi papá esparcía esos productos químicos para matar plagas e insectos, y nunca llevaba equipo de protección. Me destrozó el corazón saber que el amor por la jardinería pudo haberle causado la muerte a mi querido padre.

NOTICIA DECEPCIONANTE

Todavía estaba llorando la muerte de mi papá cuando el Ejército convocó un comité para seleccionar a los oficiales elegibles a ser considerados para su ascenso a coronel. Aunque la probabilidad de que un oficial alcanzara el grado de coronel (desde su ingreso en el servicio activo del Ejército como segundo teniente) era de aproximadamente el 2 %, yo me sentía seguro de mi selección. Me había graduado con éxito del programa del Ejército y la Universidad de Baylor, y había completado la Escuela de Mando y Estado Mayor General del Ejército. Además, había ocupado dos de las posiciones más desafiantes: inspector general y comandante de Hospital de Campaña. Lo había logrado todo.

A pesar de mis logros, cuando se publicó la lista de oficiales seleccionados para promoción, mi jefe, el Coronel George Wahl, tuvo la desafortunada tarea de informarme que yo no había sido seleccionado.

¡Mis décadas de trabajo duro y las expectativas que había forjado se hicieron añicos!

En aquellos tiempos, existía un prejuicio considerable contra los oficiales no seleccionados para un ascenso. También abría la puerta a ser reasignado a los peores puestos de trabajo. Los llamados "descartados" no eran bien vistos por el sistema.

Los soldados reaccionan de manera distinta cuando no son seleccionados para ascender. Algunos se enojan tanto que sus aspiraciones profesionales y entusiasmo dan un giro repentino a lo peor. Se sienten traicionados por "el sistema" e, inmediatamente, solicitan la jubilación. Otros culpan a sus evaluadores por su mala suerte. Hay una minoría que reacciona diferente: no se rinden ante la adversidad y redoblan sus esfuerzos para aumentar sus posibilidades de promoción.

Yo pertenecía al tercer grupo. Mi objetivo profesional siempre había sido alcanzar el rango de coronel, y nada iba a disuadirme de lograrlo. Tenía que ponerme las pilas y redoblar mis esfuerzos.

Mi familia también confiaba en mi selección para ascender, y fue extremadamente difícil compartir las malas noticias con ellos. Lo tomaron muy mal, y estaban muy decepcionados y disgustados. Manteniendo mis emociones bajo control, les informé que, aunque yo tenía excelentes posibilidades de que me contrataran como administrador de algún hospital en el sector privado, no iba a solicitar la jubilación. Mi objetivo a través de mi carrera militar siempre había sido obtener el rango de coronel en el Ejército de los Estados Unidos, y nada iba a desviarlo.

Al día siguiente, el Coronel Wahl y yo hablamos de cómo aumentar mis posibilidades de ascenso. El coronel me ofreció conseguirme un puesto como director de Sistemas de Servicios de Salud en la AHS de Fort Sam. Acepté encantado, y tres semanas después, me reasignaron.

El Coronel Wahl también me recomendó para ser miembro de la Orden del Mérito Médico Militar. Esta asociación privada reconocía la excelencia, el buen compañerismo, el orgullo y la camaradería entre el personal del Departamento Médico del Ejército. El General de División Tracey E. Strevey Jr., presidente de la organización, me envió una carta de aceptación en la que decía lo siguiente:

Sé que seguirá contribuyendo al Departamento Médico del Ejército con la excelencia que le llevó a ser aceptado.[2]

La recomendación del Coronel Wahl y la carta del General Strevey reforzaron aún más mi decisión de quedarme en el Ejército y aspirar al rango de coronel. En mi nuevo trabajo, recopilé, organicé y presenté información de impacto sobre la preparación para el combate del Departamento Médico del Ejército a sus altos mandos, a la dirección del Ejército y al personal del Departamento de Defensa. Mi nuevo jefe era el Coronel Timothy Jackman, un reputado oficial del MSC.

Aunque me reportaba al Coronel Jackman, yo trabajaba a menudo para el comandante de la AHS, el General de División Alcide M. LaNoue. Era un oficial inteligente y exigente, lo conocía desde hacía décadas, de cuando él trabajaba en el Departamento de Ortopedia del Hospital General de Valley Forge. Trabajar para el General LaNoue mejoraría mis posibilidades de ascender. Recibir una buena calificación de un general del Ejército podía influir más en un comité de selección que una calificación de un oficial de rango inferior.

El 3 de mayo de 1989, tras planificar una serie de sesiones informativas importantes de un día de duración, recibí una carta de agradecimiento del General LaNoue. Me llamó la atención la última frase:

> Las sesiones informativas excelentes que usted presentó me resultaron de gran utilidad. Con la calidad de oficial que usted ejemplifica apoyando a la Academia, mi trabajo se hace mucho más fácil.[3]

Imagen 23. El autor recibe la Medalla al Mérito en el Servicio (Meritorious Service Medal) de manos del General de División Alcide M. LaNoue.

Mientras estaba trabajando en la AHS, seguí buscando otra posición que me ayudara a ascender. Esa oportunidad llegó en marzo de 1989, cuando me ofrecieron el puesto de oficial ejecutivo (COO) del 121.º Hospital de Evacuación/Hospital del Ejército en Seúl, Corea del Sur. Una vez más, mi familia no podía acompañarme. Sin embargo, se aumentarían mis posibilidades de ascenso, así que, tras consultarlo con mi familia, lo acepté, sabiendo que podría volver a casa en seis meses.

Llegué al aeropuerto de Kimpo, en Seúl, tras un agotador vuelo desde Texas. Mientras viajábamos hacia el complejo militar de Yongsan, el país no tenía el mismo aspecto que en 1968. Atrás quedaron la contaminación, los hombres y mujeres tirando de carretas cargadas de vegetales, y las viviendas en ruinas. Los rascacielos modernos, los restaurantes de lujo y los nuevos hoteles llenaban la ciudad. El número de tropas estadounidenses en el país había disminuido.

En Yongsan, compartí una casa de dos dormitorios con el Mayor Ismael "Ish" Nuño, cirujano torácico. Nos hicimos buenos amigos y pasamos innumerables horas escuchando música y disfrutando de la comida mexicana que yo cocinaba a menudo.

Aunque su rango era de mayor, Ish sabía muy poco del Ejército porque había sido reclutado como oficial por su experiencia médica. Le enseñé las diversas costumbres y tradiciones del Ejército, y cómo usar nuestros uniformes.

Yo trabajaba en una oficina contigua a la del comandante del hospital, el Coronel James Peake, el militar más trabajador que conocí durante mi carrera militar. Llegaba al hospital a las 5 de la mañana y visitaba la sala de urgencias, las salas de los pacientes y otras áreas. A las 7, cuando se reunía con el jefe de Enfermería, el jefe de Servicios Clínicos y conmigo para el informe diario de la mañana, estaba repleto de preguntas. Teníamos que estar alerta y preparados para responderle.

Uno de los momentos más destacados de mi servicio militar en Corea del Sur fue la visita del cirujano general del Ejército, el Teniente General Frank F. Ledford. Yo lo había conocido previamente cuando yo era IG y él, como coronel, era el comandante del hospital de Fort Riley, Kansas.

Durante su visita, lo invité a acompañarnos al Mayor Nuño y a mí a una velada de nachos mexicanos y margaritas. Tener como invitado personal al oficial de mayor rango del Departamento Médico del Ejército me brindó la tremenda oportunidad de compartir mi trabajo y mis experiencias en Corea, así como mis planes profesionales.

Imagen 24. El autor con el Teniente General Frank F. Ledford, cirujano general del Ejército, durante la visita del cirujano general a Corea del Sur.

¡POR FIN…, CORONEL!

Llevaba ya varios meses en Corea cuando el Ejército convocó otro comité para seleccionar oficiales para ascender a coronel. Día tras día, esperaba ansiosamente los resultados hasta que un día, inesperadamente, el Coronel Peake me llamó a su oficina para anunciarme que yo había sido seleccionado.

¡Por fin! Después de veinticuatro años en el Ejército, ¡iba a ser coronel! Cuando me lo informaron, me embargó tal emoción que grité de júbilo. Llamé a mi familia y a algunos de mis colegas en los Estados Unidos para darles la gran noticia. Todos estaban muy contentos.

Hubo un júbilo total entre los oficiales y suboficiales del hospital cuando se enteraron de mi ascenso. Mis empleados coreanos se inclinaban respetuosamente mientras me daban la enhorabuena en su inglés básico y entrecortado.

Cuando se dieron a conocer los nombres de los seleccionados, recibí múltiples llamadas telefónicas y cartas de felicitación. El General de cuatro estrellas Louis C. Menetrey, que ocupaba altos cargos en Corea del Sur, me envió una carta de felicitación. Aunque yo no lo conocía, la mayoría de los oficiales habían oído hablar del General Menetrey y comprendían su influencia e importancia en el Ejército. Escribió:

Enhorabuena por su ascenso a coronel. Esta selección es realmente un hito importante en su carrera e indicativo de su potencial para futuras responsabilidades y retos profesionales cada vez mayores.[4]

Otra carta, y quizás la más significativa, fue la del General de Brigada Bruce T. Miketinac, jefe del Cuerpo de Servicios Médicos del Ejército. El general era un excelente oficial y alguien a quien había admirado durante toda mi carrera militar. En su carta, el general afirmaba:

Todos los miembros del Cuerpo de Servicios Médicos se unen a mí para felicitarlo por su reciente selección para el ascenso a coronel. Esta selección se basó en el rendimiento demostrado y es indicativa de su potencial para asumir puestos de mayor responsabilidad en el Ejército y en el Departamento Médico del Ejército.

Debajo de su firma, el General Miketinac añadió, de su puño y letra:

Por fin, el Ejército ha hecho algo bien. ¡Así se hace, Jake! M.[5]

Cuando llegó la fecha del ascenso, el General de División Frederick N. Bussey (quien estaba de visita en Corea del Sur) y el Coronel Peake fijaron el nuevo rango en mi uniforme. Cuando el Coronel Peake me pidió que dijera unas palabras, di las gracias a todos por asistir a la ceremonia y destaqué los muchos sacrificios que yo había hecho para cumplir mis aspiraciones profesionales.

Mencioné la dedicación, la tenacidad y el trabajo duro necesarios para alcanzar el rango de coronel. También animé a los presentes, especialmente a los oficiales bajo mi supervisión, a no renunciar nunca a sus sueños y aspiraciones, y a perseverar y enfocarse en ser lo mejor que pudieran ser.

Imagen 25. El autor es ascendido a coronel por el General de División Frederick N. Bussey y el Coronel James Peake.

Una de las experiencias más gratificantes de mi estadía en Corea fue servir como preceptor de un sacerdote católico coreano que estudiaba Administración de Servicios de la Salud en la Universidad de Minnesota. Se llamaba Nicholas Chang y era el director ejecutivo del Hospital Santa María de Yeongdeungpo-gu, en Seúl.

Cuando se enteró de que yo tenía una maestría en el mismo campo, visitó mi oficina para pedirme ayuda. Acordamos reunirnos los viernes por la tarde para revisar su trabajo académico y los requisitos de sus estudios. Yo también editaba sus trabajos escritos, pero no todo era trabajo.

El padre Chang siempre estaba contento y lleno de energía. Agradecía tanto mi ayuda que, de vez en cuando, me invitaba a cenar a su casa. Otras veces me invitaba a restaurantes donde solo cenaban coreanos y presentaban los platos más exóticos. Él se beneficiaba de nuestras cenas, aunque yo también aprendí mucho acerca de él, el pueblo coreano, su cultura y sus tradiciones. El 29 de diciembre de 1989, la Universidad de Minnesota me nombró oficialmente preceptor del padre Chang y me agradeció mi disposición a ayudarle. Casi al final de mi estadía en Corea del Sur, los invité a él y a su secretaria al Club de Oficiales del 8.º Ejército, un club exclusivo para oficiales. Al final de nuestra cena —y con los ojos llorosos—, me agradeció mi ayuda y me regaló un hermoso jarrón de cerámica que, después de todos estos años, todavía conservo.

GRIETAS

La vida no siempre es justa. Si bien había logrado mi objetivo profesional a largo plazo, por desgracia, mi matrimonio se estaba resquebrajando. Antes de terminar mi compromiso militar en Corea, solicité regresar a San Antonio, Texas para intentar salvar la relación.

Me asignaron como oficial ejecutivo del Curso de Atención a Bajas en Combate del Departamento de Defensa. Conocido como "C4", este programa de ocho días estaba diseñado para mejorar la preparación y las aptitudes previas al despliegue de los oficiales médicos de los tres servicios: Ejército, Armada y Fuerza Aérea.

El puesto en el C4 no era lo que yo hubiera deseado, pero me pareció que estar en San Antonio era lo mejor para mí y para mi familia. El logro más notable de mi periodo de servicio en el C4 fue su despliegue a Chile. Transportamos nuestro personal y equipo, adaptando el C4 a las necesidades del Ejército chileno. Gracias al apoyo del Coronel Manuel Vitis Engelsberg, jefe de las fuerzas médicas chilenas, el entrenamiento que impartimos fue un éxito. Entrenamos a un nutrido grupo de médicos, enfermeras y personal auxiliar.

Antes de mi ascenso a coronel, mi esposa y yo habíamos llegado a un punto difícil en nuestra relación y nuestro futuro. Mi ambición era permanecer en el Ejército y perseguir mi objetivo de toda la vida de llegar a Coronel. En cambio, mi esposa ya no deseaba continuar su vida en el Ejército y quería que yo me retirara. Lamentablemente, antepuse mis propias necesidades, deseos y ambiciones a las de ella. Este desequilibrio fomentó el resentimiento y debilitó nuestra conexión emocional. A medida que disminuía la confianza, crecía la distancia entre nosotros y nuestra relación empeoró.

Por desgracia, mi esposa y yo no pudimos superar nuestros problemas y decidimos ponerle fin a nuestro matrimonio. A veces, el Ejército puede hacer mella en el matrimonio y las diferencias no se pueden conciliar. Me sentí triste, enojado y frustrado de que mi relación hubiera terminado así. Sentí una enorme pérdida, como la muerte de un ser querido. Estaba ansioso por lo que el futuro me depararía ahora que me aventuraba a lo desconocido.

Después de un año en el C4, me trasladaron a Fort Detrick, Maryland, para mi último destino en el Ejército. Mi posición era como jefe adjunto del Estado Mayor de Operaciones, del Cuartel General de Investigación y Desarrollo Médico del Ejército. Aunque mi puesto de trabajo en Fort Detrick no era en administración hospitalaria, me comprometí a aprovecharlo al máximo y a darlo todo.

Como jefe adjunto del Estado Mayor de Operaciones, dirigí varios laboratorios en el extranjero: en Brasil, Tailandia y Europa. También dirigí las funciones de seguridad e inteligencia militar de nuestro cuartel general. Yo no tenía experiencia en investigación médica, así que este trabajo me abriría las puertas a este fascinante campo. También sabía que Fort Detrick era mi último puesto militar y que tendría que comenzar a planificar mi transición del Ejército.

Como parte de mi trabajo, visité varios laboratorios en distintas bases del Ejército. También planifiqué una conferencia de investigación médico-militar en Israel.

Durante una visita al Centro de Educación de Fort Detrick, me enteré de la existencia de un programa de doctorado en Educación patrocinado por la Universidad Walden. Un antiguo compañero del programa de Baylor, el Teniente Coronel Glenn Makela, era uno de sus alumnos. Yo ya tenía un título de posgrado de la Universidad de Baylor y, además, gozaba de amplia experiencia en el gerenciamiento de organizaciones médicas. No obstante, pensé que podría aprovechar el doctorado para obtener un empleo a nivel universitario, si después de mi jubilación no encontraba una posición en el sector salud. Me inscribí en el programa, y me aceptaron. Durante mis dos últimos años en el Ejército, me dediqué a estudiar por las noches y los fines de semana.

JUBILACIÓN

Después de dos años en Fort Detrick, el 27 de mayo de 1993, me retiré del servicio militar en Fort Myer, Virginia. Mi mamá, mi hermano mayor y mi cuñada viajaron desde Puerto Rico para celebrarlo conmigo. Mi hija también viajó desde Texas. El General de División Fred A. Gorden, comandante del Distrito Militar de Washington, fue el anfitrión de las ceremonias de jubilación.

Las ceremonias incluyeron un desfile militar impresionante, marchas de precisión, discursos y la entrega de certificados de jubilación. Participaron el 3.er Regimiento de Infantería (tradicionalmente conocido como la "Vieja Guardia"), la Banda del Ejército, y el Cuerpo de Pífanos y Tambores (Fife and Drum Corps). El regimiento lleva a cabo actos conmemorativos para honrar a los camaradas caídos, ceremonias y eventos especiales, incluyendo ser los centinelas de la Tumba del Soldado Desconocido. El Cuerpo de Pífanos y Tambores rememora los días de la Revolución estadounidense al actuar con uniformes iguales a los que llevaban los músicos del Ejército Continental del General George Washington.

Yo conocía al General Gorden desde Fort Ord, donde él era comandante adjunto de la 7.ª División de Infantería. Como hablaba español con fluidez, me felicitó en mi lengua materna. Mientras los soldados desfilaban delante de mí, recordé los muchos retos a los que me había enfrentado y mis logros desde que entré en el servicio activo en 1968. Sentí una mezcla de emociones, entre ellas un tremendo orgullo y mucha gratitud.

No tuve tiempo de relajarme porque, al día siguiente, durante un almuerzo en Fort Detrick, me concedieron la Medalla de la Legión al Mérito (una condecoración militar, normalmente reservada a los oficiales con grado de coronel y superiores, por una conducta excepcionalmente meritoria, un servicio sobresaliente, lealtad y fidelidad) y el Medallón del Cuerpo de Servicios Médicos.

Tras la imposición de la medalla, llamé a mi mamá al frente, me quité la medalla del pecho y, con ojos llorosos, se la coloqué. Era la mejor manera que pude encontrar para reconocerle todos los sacrificios que ella había hecho por mí y la gran influencia que había tenido en mi vida.

Imagen 26. El autor colocándole la Medalla de la Legión al Mérito a su mamá durante la ceremonia de su jubilación del servicio activo.

Mi jubilación marcó el final de una carrera exitosa y apasionante. Tras veintisiete años de servicio militar honorable, esperaba, con una mezcla de ansiedad y entusiasmo, la transición al sector privado.

Imagen 27. El General de División (retirado) Enrique Méndez Jr. y el General de División Richard T. Travis ofician la jubilación del servicio activo del autor.

CAPÍTULO 6

MI TRANSICIÓN AL SECTOR PRIVADO

DURANTE VARIOS AÑOS ANTES DE MI JUBILACIÓN, CONSIDERÉ tres opciones de empleo para después del servicio militar: consultor de gestión en el sector privado, empleado civil en el Ejército o profesor universitario.

Como consultor en el sector privado, podía aprovechar mis años de experiencia en el Ejército y mi título de posgrado en Administración de Servicios de la Salud para conseguir un trabajo estimulante y mejor pagado. Como empleado civil en el Ejército, trabajaría en el mismo sistema del que me había retirado, lo que no sería un reto suficiente para mí. Las oportunidades laborales en educación superior me atraían; eran mi segunda opción después de la de consultor. La consultoría era un terreno desconocido, emocionante e inexplorado.

Mientras estaba en el Ejército, yo ya me había estado preparando para un trabajo en el sector privado. Amplié mi red profesional y asistí a múltiples talleres sobre la transición del servicio militar. También continué aprendiendo sobre los retos en los sistemas de salud, siempre tuve mi currículum actualizado, y me matriculé en cursos sobre entrevistas y cómo uno debía vestirse para triunfar en el sector privado.

Seis meses antes de jubilarme, me enteré de que había un puesto vacante de director ejecutivo en un hospital en América del Sur.

Aunque no era un empleo como consultor, la oportunidad de dirigir un hospital para una empresa minera parecía interesante. Además, el director ejecutivo tenía que establecer un programa para formar al personal del hospital y a los técnicos de urgencias médicas. Mis años de experiencia en entrenamiento militar y administración me dieron la confianza necesaria para enviar mi currículum al comité de búsqueda. Recibí una respuesta por correo electrónico casi de inmediato. Me pidieron mi número de teléfono. El comité de búsqueda tenía mucho interés en entrevistarme. Tres días más tarde, el jefe del comité me llamó. Yo llevaba un par de días enfermo de gripe, pero contesté de todos modos. Estar enfermo me impidió dar lo mejor de mí: solo quería terminar la conversación y descansar. Al día siguiente, me di cuenta de que había cometido un grave error al permitir una entrevista por teléfono cuando no me encontraba bien. Debería haber pedido una entrevista presencial. Aunque no recibí respuesta del comité, la entrevista fue una buena experiencia.

Un mes más tarde, me enteré de que una empresa global de consultoría del norte de Virginia buscaba un ejecutivo bilingüe con experiencia en gestión hospitalaria. La empresa quería crear un equipo de consultoría enfocado en Latinoamérica. El equipo comercializaría, vendería y gestionaría proyectos en la región.

El trabajo me pareció una gran oportunidad. Me permitiría aprovechar mi experiencia y mi biculturalidad, así que envié mi currículum e inmediatamente me contactaron. La entrevistadora me dijo que la persona seleccionada tenía que residir en Caracas, Venezuela. Si bien yo no quería trasladarme a Venezuela, presenté mi candidatura de todos modos, con la esperanza de poder negociar ese requisito.

La empresa contratante me invitó a viajar a Venezuela con un vicepresidente como parte del proceso de entrevista. El vicepresidente sería el futuro supervisor del candidato seleccionado.

Durante el vuelo, hablamos de varios aspectos del trabajo y de mi experiencia. Cuando le pregunté por el propósito del viaje, me dijo: "Jake, vamos a evaluar un hospital público en Caracas". Luego le pregunté cómo debíamos repartirnos los roles y qué áreas iba a evaluar él, me contestó: "Yo no soy un experto en salud, yo voy a observar".

Fue entonces cuando me di cuenta de que el verdadero propósito del viaje era evaluarme a mí y saber hasta qué punto yo conocía sobre el gerenciamiento de hospitales.

Llegamos a Caracas el día anterior a la evaluación del hospital. A la mañana siguiente, un taxi nos esperaba en el hotel para llevarnos allí. El conductor me preguntó, en español, si estaba seguro de que queríamos ir al barrio de Catia. Después de revisar mis notas, confirmé que el hospital de Catia era el que teníamos que visitar.

A medida que nos acercábamos, me di cuenta de que el vecindario no era el más seguro. Había basura amontonada en las aceras, y los edificios estaban destartalados y descoloridos. Mi compañero de viaje nunca había viajado a Latinoamérica y no hablaba español. Cuando nos acercábamos al hospital, me susurró: "Jake, no me siento cómodo en este entorno". Tratando de tranquilizarlo, le dije: "No se preocupe. Los venezolanos son muy hospitalarios; todo va a salir bien".

Al llegar al hospital, el director ejecutivo nos saludó calurosamente. Le expliqué el motivo de nuestra visita y el hecho de que era nuestra primera vez en Caracas. Cuando nos preguntó si teníamos alguna pregunta, el vicepresidente (al más puro estilo de consultor) intervino: "Señor, ¿podría contarnos algunos de sus principales retos?".

Después de traducirlo al español, el director ejecutivo respondió seriamente: "Uno de nuestros principales retos es que los pacientes cometen delitos contra el hospital y el personal". Los ojos del vicepresidente se abrieron de par en par. "Señor, ¿qué quiere decir usted?", preguntó.

El director ejecutivo continuó: "Algunos pacientes roban equipo del hospital, y ayer uno de ellos robó y apuñaló a un cirujano". Cuando le preguntamos cómo era posible, el director ejecutivo nos dijo: "El cirujano le preguntó al paciente por qué había hecho algo tan horrible después de haberle salvado la vida, y él le contestó despreocupadamente: 'Doctor, su trabajo es salvar vidas…, ¡el mío es robar!'". El vicepresidente se quedó sin aliento, incapaz de ocultar su miedo. Tras inspeccionar los procedimientos de seguridad, el área de los suministros y los historiales médicos del hospital, visité la oficina de Recursos Humanos. ¡En esta oficina descubrí algo insólito! El hospital tenía más empleados en nómina que los que iban a trabajar. Muchos de los empleados jubilados seguían en nómina porque era más barato que pagarles la jubilación más todas las prestaciones acumuladas.

Me quedé estupefacto ante la situación. ¡El hospital estaba peor de lo que creía posible! Todas las áreas necesitaban mejoras significativas. Tras terminar la evaluación de otras áreas, le presenté mis observaciones al director ejecutivo y le dije que las pondría por escrito con las acciones recomendadas para mejorar la situación.

Antes de despedirnos, pregunté por un taxi que nos llevara al hotel. El director ejecutivo me contestó que los taxis no funcionaban después de las 3 de la tarde porque el barrio era muy inseguro para los taxistas. Tras muchas gestiones y llamadas telefónicas, encontró a un empleado del servicio de limpieza dispuesto a llevarnos.

Cuando vimos el coche del empleado, se nos encogió el corazón. Era muy viejo, estaba destartalado y necesitaba reparaciones. Era un día muy caluroso, así que le pedí al vicepresidente que se sentara en el asiento delantero para que pudiera disfrutar de la vista de la ciudad y del poco aire tibio que soplaba del sistema de aire acondicionado.

Mientras conducíamos por el barrio, vimos tanta basura como habíamos visto antes. De repente, caímos en un hoyo, y la radio del auto cayó sobre la falda del vicepresidente. Unos minutos más tarde, sudando copiosamente por el intenso calor tropical y con la radio todavía en su falda, llegamos a nuestro hotel.

En el vuelo de regreso a los Estados Unidos, el vicepresidente me dijo que yo sería una gran incorporación a su equipo de consultores. Le pedí más información sobre la empresa, y me dijo que estaba dividida en grupos de clientes del sector privado y clientes del Gobierno. Cuando le pregunté por la diferencia entre ambos, sonrió y dijo sarcásticamente: "Jake, los consultores de los clientes del sector privado viajan en primera clase y toman vino. Los consultores del sector gubernamental viajan en clase turista y toman cerveza".

Le pregunté en qué grupo me iban a emplear (si me contrataban). Inmediatamente dijo: "El sector privado". Le devolví la sonrisa pícara y le contesté: "¡Eso me parece bien!".

LA PREGUNTA DEL SUELDO

De repente, el vicepresidente cambió el tono de su voz. Mirándome seriamente, me dijo: "Jake, tenemos que hablar de salario: ¿qué tipo de remuneración buscas?".

Yo había previsto la pregunta sobre el salario, pero no sabía que iba a llegar tan pronto. En los talleres de transición, había aprendido a no comprometerme con el salario en las primeras fases de la entrevista. Era más importante determinar si el trabajo era lo que yo verdaderamente estaba buscando. Me negué a contestar, diciendo que necesitaba más tiempo para pensarlo.

La pregunta sobre el salario era difícil de responder. En mis veintisiete años de servicio militar, nunca había tenido que negociar mi salario. Mi remuneración militar se basaba principalmente en mi rango y en el tiempo que llevaba en el Ejército.

Después de nuestro viaje, recibí varias llamadas de la Oficina de Recursos Humanos de la empresa preguntando por mi decisión de unirme a su equipo de consultoría. También querían una respuesta a la cuestión salarial, pero el requisito de trasladarme al extranjero no me atraía.

Estaba analizando la situación cuando, en un taller para mis estudios de doctorado, conocí a un compañero que necesitaba ayuda para escribir un trabajo trimestral. Me ofrecí a ayudarlo. Me lo agradeció tanto que me invitó a almorzar. Durante el almuerzo, le informé que me estaba preparando para incorporarme al sector privado. Cuando le dije que estaba "atascado" con la cuestión del salario, se le iluminaron los ojos. Me dijo: "Jake, tú has sido muy amable ayudándome, y yo también quiero ayudarte. Trabajo como consultor, asesorando a ejecutivos con sus paquetes salariales. Te llamaré esta noche y podremos seguir hablando del tema".

A las 7 de la noche, me llamó. Revisé con él la oferta de empleo, así como el requisito de trasladarme a Venezuela. Le dije que me interesaba mucho el trabajo pero que no quería trasladarme al extranjero. Tras escucharme atentamente, me contestó:

Jake, haz una lista de los siguientes gastos de traslado: transporte de tus enseres domésticos a Venezuela; alquiler de un apartamento para ejecutivos; contratación de un chófer y auto; viajes a Puerto Rico y Texas para visitar a tu familia; un viaje al año para que tus hijos te visiten; alquiler de oficina, y secretaria.

La lista era bastante larga y costosa.
Y continuó:

Llama a la Oficina de Recursos Humanos e infórmales del costo que les supondría tu traslado. Entonces, ofréceles la alternativa de trabajar desde sus oficinas en el norte de Virginia, o desde tu casa en Maryland, y viajar a Latinoamérica según sea necesario.

Cuando le presenté la lista a la empresa, se quedaron impactados por los altos costos de traslado y mudanza, y se mostraron dispuestos a permitirme trabajar desde el norte de Virginia. También me propusieron un excelente sueldo, el cual acepté rápidamente. ¡Un mes más tarde, comenzaba la siguiente fase de mi carrera profesional como consultor en el sector privado!

MUCHO QUE APRENDER

Antes de mi primer día de trabajo, siguiendo la tradición del Ejército, escribí una carta a mi supervisor pidiéndole que me reservara un espacio de trabajo. Cuando llegué, le pregunté a su secretaria cómo llegar a mi oficina y me miró sin entender mi pregunta. Volví a preguntarle si tenía un espacio disponible para mí, y me sugirió que buscara por los alrededores algún espacio desocupado.

Después de dar varias vueltas, lo único que encontré fue una pequeña oficina con algunos muebles cubiertos de polvo. Volví a la oficina de la secretaria, le indiqué la ubicación de mi nuevo espacio y le pregunté si había algún procedimiento escrito que me ayudara a entender la organización. Me miró extrañada y me dijo que no tenían procedimientos escritos, pero me dio dos códigos numéricos: uno para utilizar el teléfono de mi oficina y otro para la fotocopiadora. También me informó que me darían una tarjeta de crédito corporativa y una tarjeta telefónica para hacer llamadas de larga distancia.

Nunca tuve tarjetas de crédito ni códigos numéricos en el Ejército. Antes de llegar a una nueva posición, se hacía todo lo posible para que todo estuviera listo y uno se sintiera cómodo.

La bienvenida de la empresa me dejó confuso y nervioso. Cuando pregunté por mi jefe, me enteré de que él trabajaba a distancia desde su casa en Mississippi. Yo siempre había trabajado como miembro de un equipo en el mismo lugar. No tener cerca a mi supervisor fue totalmente inesperado. Me preocupaba no tener a alguien cerca a quien recurrir, pero trabajar de forma independiente me aliviaba, ya que no tenía que responderle a alguien todo el tiempo. Me di cuenta de que me quedaba mucho por aprender sobre mi nuevo entorno de trabajo. Volví a mi oficina, y el teléfono sonó en cuanto me senté. Era mi jefe, y me dio mi primera misión: viajar a Atlanta y ayudarlo a seleccionar miembros nuevos para nuestro equipo de consultoría. Sin saber qué hacer, hablé con la secretaria, y ella me enseñó a organizar mi viaje y hacer las reservas de hotel. No me sentía preparado para seleccionar personal, pero esperaba que mi jefe me diera detalles sobre el proceso en Atlanta.

Durante mi primera mañana en Atlanta, desayuné temprano con mi jefe. Nunca había tenido que entrevistar o seleccionar candidatos en el Ejército porque el sistema de personal militar seleccionaba y asignaba a los soldados. Le pedí algunos consejos sobre la selección de candidatos.

Su consejo fue sencillo: "Jake, contratar personal no es difícil. Revisas el currículum del candidato y, tras realizar una entrevista, determinas si está cualificado. Finalmente, si crees que puedes viajar con él o ella durante dos semanas consecutivas, esa persona es buena para nuestro equipo".

Nunca he olvidado ese consejo. Reafirmaba algo que yo sabía: ser agradable y llevarse bien con los demás era fundamental en cualquier trabajo.

Me adapté bien a este nuevo rol. Uno de los primeros candidatos que entrevisté fue un joven médico graduado de una prestigiosa universidad de Chicago. Era bilingüe, inteligente y tenía conocimientos de la gestión de organizaciones de la salud. Tras entrevistarlo, llegué a la conclusión de que era un candidato excelente y que debía ser contratado. Le informé a mi jefe los resultados de la entrevista y, un par de semanas después, se le pidió al candidato que se incorporara a nuestro equipo.

Contratarlo fue una buena decisión porque se convirtió en un gran activo para nosotros.

GENERANDO CONFIANZA

Yo sabía que desarrollar oportunidades de negocio en consultoría en el sector salud en Latinoamérica iba a ser difícil. Llevaría mucho tiempo desarrollar la confianza de los clientes potenciales (ejecutivos y funcionarios públicos de la región). Los ejecutivos estadounidenses no lo entendían; esperaban que aquellos a los que visitábamos compraran nuestros servicios de inmediato basándose en la reputación y las capacidades de la empresa que representábamos. El gerenciamiento de los servicios de salud no era una profesión reconocida en América Latina. Esta función a menudo se dejaba en manos de personas sin formación. Por ello, sus hospitales carecían de sistemas de gestión modernos para mejorar la eficiencia, mejorar la atención al paciente y reducir costos. Nuestro objetivo era mostrarles cómo reestructurar la gestión de sus hospitales para hacerlos más eficientes, adoptar nuevos enfoques para mejorar la atención al paciente y hacerlos más rentables.

También visité el Banco Mundial y el Banco Interamericano de Desarrollo para informarme sobre los préstamos aprobados para proyectos en el sector salud de la región. El estudio de estos proyectos nos ayudaría a identificar oportunidades de consultoría y adaptar las metodologías de reestructuración a utilizarse. Para generar confianza, ofrecimos evaluaciones y propuestas gratuitas a los hospitales. Las propuestas exponían los puntos débiles del hospital, explicaban cómo podíamos ayudarlos y proporcionaban información para mostrarles cómo podían pagar por nuestros servicios.

Los Gobiernos locales gestionaban muchos de los hospitales, pero trabajar con ellos también era un reto. Cuando hablé con el ministro de Salud de Ecuador acerca de mis honorarios por una semana de consultoría, se quedó boquiabierto, ya que era igual a su sueldo mensual. En ese momento, supe que iba a ser muy difícil venderles propuestas a los Gobiernos.

TRABAJANDO EN COLOMBIA

Si bien los consultores de nuestra empresa se alojaban en hoteles bonitos, cuando yo vendí nuestro primer proyecto en Bogotá, Colombia, pensé que mi equipo sería más eficiente si alquilábamos un apartamento y nos alojábamos juntos. Además, así se reducía el costo del proyecto. No solo tenía que liderar el proyecto, sino que también tenía que evaluar varias áreas del hospital y comercializar nuestros servicios a posibles clientes.

Recuerdo perfectamente lo que mi vicepresidente me había dicho durante nuestro viaje a Venezuela: "Jake, en este negocio trabajamos en proyectos durante ocho horas, comercializamos nuestra empresa durante cuatro horas y redactamos propuestas durante cuatro horas cada día laborable".

Nuestros días eran largos, pero yo disfrutaba enormemente el trabajo. Compartir mis conocimientos para mejorar el funcionamiento de los hospitales era muy gratificante. También lo era trabajar en un país tan hermoso aprovechando mis conocimientos bilingües y la experiencia de mi equipo.

Mientras trabajaba en el proyecto, se acercaba el final de mis estudios de doctorado y tenía que defender mi tesis. No podía abandonar el proyecto para viajar a los Estados Unidos y hacerlo en persona, así que me puse en contacto con la universidad para proponer una conferencia telefónica.

Al principio, la universidad se opuso. Sus normas académicas exigían la interacción cara a cara entre los estudiantes y los comités evaluadores de tesis. Sin embargo, después de explicarles el motivo de mi viaje a Colombia, la universidad accedió, con la salvedad de que yo tenía que coordinar con mi comité de tesis y entregarle a la universidad una transcripción mecanografiada de la llamada.

En 1994, no había Skype, Zoom ni tecnologías similares. Me tocó a mí averiguar cómo se iba a celebrar la teleconferencia. Me puse de inmediato a investigar empresas dedicadas a prestar servicios de teleconferencia. Después de buscar mucho, encontré una empresa que ofrecía conferencias telefónicas internacionales, así como transcripciones grabadas y mecanografiadas de las llamadas telefónicas. Además, una operadora organizaba la llamada y se ponía en contacto con todos los participantes. Yo solo tenía que proveerles la ubicación de los participantes, sus nombres y números de teléfono, y la fecha y hora en que quería que se iniciara la llamada.

Tras coordinar con los participantes y seleccionar una fecha, dediqué un tiempo considerable a prepararme para defender mi tesis. El director ejecutivo me ofreció su oficina y, en la fecha y hora acordadas, esperé pacientemente la llamada. Justo a tiempo, sonó el teléfono y me puse en contacto con mi comité de tesis. La llamada, que duró dos horas, transcurrió sin contratiempos. Sentí un gran alivio, pero tuve que esperar por la respuesta del comité. Días después, mi tesis doctoral fue aprobada.

Cuando el director ejecutivo supo que yo había defendido con éxito mi tesis, organizó un almuerzo especial para celebrarlo. Mis colegas y el personal del hospital estaban asombrados. No podían creer que yo había sido capaz de coordinar una conferencia telefónica internacional con una transcripción, con tres personas en lugares distintos, durante un periodo de tiempo tan largo.

Varios meses después de terminar el proyecto en Colombia, el director ejecutivo me informó que el hospital había ganado un premio a la innovación por el trabajo de reestructuración que habíamos realizado. El premio se iba a entregar en una conferencia en la ciudad de Medellín. Me pidió que asistiera y presentara nuestro proyecto. Nunca había visitado Medellín, pero me habían dicho que era una ciudad preciosa.

Aterricé en el aeropuerto a altas horas de la noche. Tras recoger mi equipaje y pasar el control de aduanas, pedí un taxi. Mientras viajábamos por unas carreteras secundarias angostas y oscuras, el conductor se dio la vuelta y, despreocupado, me preguntó.

—Doctor —término utilizado habitualmente en Colombia para mostrar respeto—, ¿se va a sentir seguro en Medellín?

—Por supuesto, ¿por qué lo pregunta?

—Bueno —continuó el conductor—, el hotel en el que usted se va a alojar era uno de los favoritos de Pablo Escobar.

La presentación fue bien recibida. Cuando bajé del escenario, el director ejecutivo me dio las gracias por el trabajo que había realizado nuestro equipo. Yo estaba satisfecho con la calidad de nuestro trabajo y con la experiencia que habíamos adquirido durante nuestro primer proyecto de consultoría. Fue todo un reto ser director del proyecto y consultor al mismo tiempo, pero los resultados que obtuvimos bien valieron el sacrificio.

Mi equipo aún estaba comercializando nuestras capacidades de consultoría en América Latina cuando me enteré de que nuestra empresa no iba a continuar realizando proyectos en el sector salud de la región. ¡La noticia devastó al equipo! Estábamos progresando y teníamos proyectos potenciales que creíamos que podíamos vender. Trabajar en Latinoamérica era la razón por la que me había incorporado a la empresa, así que empecé a buscar trabajo en otros lugares.

LA GESTIÓN DEL CONOCIMIENTO

Estaba haciendo planes para visitar a mi mamá en Puerto Rico cuando un antiguo colega me llamó. Quería saber si me interesaba incorporarme a los Servicios de Consultoría Gubernamental (GCS, por sus siglas en inglés) de Electronic Data Systems (EDS).

La compañía EDS prestaba servicios de tecnología a organismos federales: el Servicio de Inmigración y Naturalización, el sector salud del Departamento de Defensa, la Agencia Central de Inteligencia, el Departamento de Asuntos de los Veteranos (VA, por sus siglas en inglés) y la Agencia Federal de Gestión de Emergencias. El GCS necesitaba un experto en el sector salud del Departamento de Defensa. Yo conocía bien el sector, así que envié mi currículum. Tras un par de entrevistas, me contrataron como consultor gerente.

Cuando llegué, centré mis esfuerzos en dos sectores: el Departamento Médico del Ejército y Latinoamérica. Luego mi interés se amplió a la gestión del conocimiento y el aprendizaje a distancia (*e-learning*). Estas eran nuevas disciplinas con un considerable potencial de crecimiento. La gestión del conocimiento me interesó porque, durante mi carrera militar, vi la necesidad de captar y compartir la experiencia del personal médico antes de su jubilación. Siempre me maravillaba ver cuántos "proyectos nuevos" de medicina militar se habían intentado antes.

Para ayudar a los organismos gubernamentales a entender cómo podíamos asistirlos, visité a varios de ellos. Fui a la Oficina Central del Departamento de Asuntos de los Veteranos (VACO, por sus siglas en inglés), la Oficina de Medicina y Cirugía de la Armada de los Estados Unidos, y el Centro y Escuela del Departamento Médico del Ejército. Durante estas visitas, recopilé información sobre las organizaciones e hice una presentación sobre la gestión del conocimiento. También enumeré nuestras capacidades de consultoría.

Por aquel entonces, el General de División James Peake, mi antiguo jefe en Corea, era el director del Centro y Escuela del Departamento Médico del Ejército en San Antonio, Texas. Como a mí, a él también le preocupaba la pérdida de capital intelectual. Le propuse una presentación sobre la gestión del conocimiento para su equipo directivo, y aceptó. Dos semanas después, hicimos la presentación. Fue bien recibida, y entonces comenzó el trabajo duro de preparar una propuesta y vender el proyecto.

El Centro y Escuela del Departamento Médico del Ejército había creado un Centro de Educación y Estudios (CHES, por sus siglas en inglés) dirigido por un antiguo colega del Ejército que había asistido a nuestra presentación. Tras reunirme con él, insistí en las ventajas que la gestión del conocimiento podría aportar al CHES y al Departamento Médico del Ejército, y estuvo de acuerdo. Le sugerí que me asignara un oficial con el que pudiera coordinar el desarrollo de una propuesta. Designó como responsable a una de sus oficiales de mayor confianza, alguien con quien yo había trabajado en el Cuartel General del HSC ocho años antes.

Cuando visité a la oficial con quien yo había trabajado anteriormente, reanudamos nuestra antigua relación de compañeros de trabajo. Durante nuestra conversación, me di cuenta de que ella conocía los principios básicos de la gestión del conocimiento y su potencial. Fue una buena noticia porque no tuve que dedicar más tiempo a darle mi presentación. Estaba interesada en recibir nuestra propuesta, aunque le preocupaba el costo. Yo compartía su preocupación, ya que sabía que la organización no disponía de una gran cantidad de dinero en su presupuesto.

Cuando regresé a mi oficina, trabajé febrilmente en una propuesta razonable. Sabía que el proyecto llevaría un tiempo y un esfuerzo considerables, pero opté por elaborar una propuesta solo para una primera fase con el objetivo de hacerla más atractiva.

Obtuve la aprobación del GCS para la propuesta y la luz verde para entregarla al cliente. Cuando se la entregué, me enteré de que nuestro estimado de costos se acercaba mucho a la cantidad que ella le había asignado en su presupuesto. Tras unos pequeños ajustes en el plan del proyecto, acordamos una fecha de inicio.

Fue un día emocionante para el GCS: ¡habíamos vendido nuestro primer proyecto de gestión del conocimiento! Para mí, fue doblemente emocionante. El proyecto, conocido a partir de entonces como la Red de Gestión del Conocimiento (KMN, por sus siglas en inglés), era en apoyo del Departamento Médico del Ejército, una organización a la que yo había dedicado veintisiete años de servicio.

El director del GCS me preguntó si quería ser el director del proyecto. Rechacé respetuosamente su oferta. Tendría que trasladarme a San Antonio, algo que no me atraía. Me gustaba mucho más ser consultor de gestión que gestionar proyectos. Sin embargo, estaba tan comprometido con el proyecto que viajaba a San Antonio una vez al mes para apoyarlo.

Con el paso de los meses, la KMN se convirtió en un contrato de tres años. El resultado me llenó de alegría: nuestro primer proyecto de gestión del conocimiento fue todo un éxito.

LA ARGENTINA

Debido a mi continuo interés por Latinoamérica, asistí a conferencias enfocadas en la región para explorar posibles oportunidades. Durante una conferencia en San Diego, conocí a un empresario argentino que buscaba establecer asociaciones empresariales en los Estados Unidos.

Se llamaba Óscar, y conectamos al instante. Mi compromiso con América Latina le impresionó, y prometió volver a ponerse en contacto conmigo. Una semana después, me llamó para informarme que viajaba a Washington D. C. y que le gustaría verme.

Óscar siempre llevaba dos teléfonos móviles y un bolsillo lleno de pilas para sustituir a los que se habían quedado sin batería. No paraba de hablar por teléfono. Durante nuestro primer almuerzo, pidió un sándwich de queso a la plancha con un vaso grande de leche. Sufría de úlceras en el estómago y sobrevivía, usualmente, con esta comida.

En una de nuestras reuniones, mientras comíamos su ya familiar sándwich, compartió su deseo de contratar a una reputada universidad estadounidense para capacitar a funcionarios del Gobierno argentino. La oportunidad me interesaba porque estos funcionarios podrían ayudarnos a identificar oportunidades de consultoría en la Argentina. Le prometí que me pondría en contacto con él.

Yo tenía un amigo en la Universidad George Washington que, el año anterior, había desarrollado conmigo un programa de capacitación para ejecutivos argentinos del sector de la salud. El programa fue exitoso: capacitamos a más de 100 ejecutivos en Washington D. C. y en la Argentina. Le hablé del plan de Óscar, y mi amigo estuvo de acuerdo en que podíamos modificar nuestro programa para adaptarlo a sus necesidades. Planificamos un viaje a la Argentina para reunirnos con él y sus socios, y discutir la oportunidad. Dos meses después, vendimos nuestro programa de capacitación.

Como colíder del proyecto, viajé y di conferencias por toda la Argentina. Visité lugares fascinantes, como la hermosa ciudad de Salta, con su elegante plaza pública bordeada de cafés; la provincia de Jujuy, la puerta de entrada al corazón indígena de la Argentina y frontera con Bolivia y Chile; y Ushuaia, la ciudad más austral del mundo. Viajar en la Argentina era complicado. A menudo tenía que volver a Buenos Aires para hacer conexiones porque no había vuelos directos entre ciudades.

Además de mi trabajo en la Argentina, también apoyaba el proyecto de la KMN en San Antonio. Mi agenda de viajes era extremadamente apretada.

Tras la conclusión de nuestro proyecto en la Argentina, comercialicé y vendí dos proyectos de *e-learning* para los que también fui director. Uno de los proyectos consistió en el desarrollo de un plan estratégico de *e-learning* para una universidad pública de Puerto Rico.

Agendas ocultas

Un nuevo aspecto de la vida en el sector privado que aprendí a manejar fueron las agendas ocultas. Durante el proyecto en Puerto Rico, nuestras agendas y el plan del proyecto a menudo chocaban con las discusiones y argumentos del grupo. Con mucha frecuencia, tenía que actuar como árbitro para dirimir las disputas entre los miembros del equipo de trabajo.

Sin embargo, nuestro proyecto contaba con una gran ventaja personal: tenía lugar a treinta y cinco minutos de la casa de mi mamá, lo que me daba la oportunidad única de visitarla a menudo. Pasear por su acera y oler el aroma del delicioso café puertorriqueño que ella preparaba era un placer especial. Cuando pasaba la noche con ella, yo dormía en mi antigua cama. Era una experiencia inigualable escuchar los sonidos tropicales de la naturaleza; me devolvían a los maravillosos años de mi infancia.

A pesar de sus retos, disfruté mucho de mi carrera en el sector privado. Los sacrificios personales (largas horas de trabajo, viajes constantes y adaptación a un nuevo entorno laboral y a nuevos clientes) habían sido importantes, pero la recompensa había merecido la pena. Había viajado mucho por los Estados Unidos, América Latina, Europa y Australia, acumulando más de un millón de millas aéreas. Y, lo que es más importante, pude hacer una transición exitosa del Ejército al sector privado.

Cómodo en mi nuevo rol, esperaba terminar mi carrera profesional en el sector privado.

CAPÍTULO 7

EN EL ALA OESTE DE LA CASA BLANCA

LAS RUEDAS DEL TREN DEL METRO SONARON CON UN FUERTE silbido al frenar hasta detenerse en la estación de metro de McPherson Square, a una cuadra de la Casa Blanca. Tras el habitual aviso, las puertas se abrieron de par en par. Subí al andén y caminé a paso ligero hasta salir a la avenida Vermont, para luego girar a la derecha junto a la VACO. Poco me imaginaba que, dentro de tres meses, iba a ocupar un alto cargo, designado por el presidente, en ese edificio.

Diez minutos más tarde, llegué a la puerta noreste de la Casa Blanca y le enseñé al guardia mi licencia de conducir. Le dije que tenía una cita en la Oficina de Personal Presidencial. ¡No podía creer lo que estaba diciendo!

El guardia me dio un pase, sujeto a una fina cadena que tenía que llevar alrededor del cuello, y me pidió que me dirigiera hacia la derecha, hacia el ala oeste de la Casa Blanca. Mientras avanzaba, me fijé en un grupo de periodistas preparados con sus equipos. En la entrada del edificio se encontraba un infante de Marina de aspecto militar impecable. Cuando me acerqué, agarró la perilla de la puerta y la abrió.

En la Oficina de Personal Presidencial, me recibió un amable asistente. Cuando le estreché la mano, me miró fijamente y, con un ligero acento tejano, me dijo: "Dr. Lozada, bienvenido a la Oficina de Personal Presidencial. Su nombre ha sido mencionado como posible candidato para un puesto en la Administración del Presidente Bush. Queríamos conocerlo y hablar con usted al respecto".

Sorprendido por la introducción, solo pude responder: "Gracias, señor. Sería un gran honor y un privilegio trabajar para el presidente de los Estados Unidos". Me pidió que me sentara junto a su escritorio y, mientras me sentaba, me dijo: "Hábleme de usted". Cuando terminé de contarle lo más destacado de mi vida, se levantó y dijo: "Chicos, vengan a conocer al Dr. Jacob Lozada, un gran ejemplo del sueño americano".

Me sorprendió su declaración. Esforzándome por encontrar las palabras adecuadas y mirándolo rápidamente a los ojos, le dije: "Señor, solo soy alguien de origen humilde que ha trabajado muy duro y triunfado contra muchas adversidades. Se lo debo todo al esfuerzo, a mis maravillosos padres y a las oportunidades que me ha brindado nuestra nación".

Aunque me consideraba un buen ejemplo del sueño americano, no esperaba que esto se mencionara durante la entrevista. Después de conocer a varias personas más en la oficina, el asistente mencionó que estaba interesado en entrevistar a otros hispanos bien preparados para la Administración del Presidente Bush. Me preguntó cómo podría encontrar a más personas como yo. Le contesté que me gustaría recomendarle amigos y antiguos colegas que cumplieran sus criterios.

Antes de mi entrevista, yo había leído sobre el proceso de nombramiento presidencial y era consciente de las muchas preguntas que me harían. El entrevistador me hizo múltiples preguntas sobre mi vida personal, mi carrera profesional en el Ejército y en el sector privado, y mi motivación para servir al presidente de los Estados Unidos. También me pidió que revelara cualquier asunto que pudiera avergonzar al presidente si él decidía nombrarme.

Tras responder a un aluvión de preguntas, la conversación giró en torno a qué puestos en la Administración del Presidente

Bush se ajustaban mejor a mi perfil profesional y serían de mi interés. Por mi formación militar y mi experiencia en el sector salud, me vinieron a la cabeza dos departamentos: el Departamento de Defensa y el VA. Yo conocía muy bien el sector salud del Departamento de Defensa y los problemas que confrontaban los militares. Como veterano, comprendía los retos a los que se enfrentaban el VA y nuestros veteranos, y creía que podía ayudar a solucionar algunos de ellos.

A continuación, el entrevistador me preguntó para cuáles puestos del VA me sentía más capacitado. Mencioné dos: subsecretario de Gestión y subsecretario de Recursos Humanos y Administración. En cuanto al Departamento de Defensa, mencioné un alto cargo en medicina militar. Tras una larga conversación, acordamos que un puesto directivo en el VA era el más adecuado para mí.

Cuando le pregunté por los pasos siguientes, el entrevistador me dijo que un puesto de alto nivel en el VA necesitaría la confirmación del Senado de los Estados Unidos. Me sometería a varias investigaciones, y los resultados serían revisados por oficinas en la Casa Blanca, el Senado y el VA. Estas organizaciones también revisarían mi información financiera, médica y otros datos personales.

También me advirtieron que era difícil predecir cuándo sabría más sobre mi nombramiento, ya que muchos otros candidatos también estaban siendo considerados. En resumen, el proceso podría ser largo y frustrante. Hasta entonces, la Oficina del Asesor Legal de la Casa Blanca me entrevistaría al día siguiente. Antes de salir de esta oficina, me dieron instrucciones de no revelarle mi entrevista a nadie.

A pesar de mi acuerdo de no hablar de la entrevista con ninguna persona, ni bien salí de la Oficina de Personal Presidencial no pude contener mi entusiasmo. Me detuve en un rincón del vestíbulo y llamé a mi mamá. Ella no podía creer que yo estuviera en la Casa Blanca y se sorprendió aún más cuando le dije que me estaban entrevistando para un puesto en la Administración del Presidente Bush.

Hablando en un tono más suave, mi mamá me dijo: "Jacob, no quiero que te sientas decepcionado si no consigues el trabajo. El hecho de que hayas sido entrevistado en la Casa Blanca me enorgullece a mí, a nuestro pueblo natal y a Puerto Rico".

A la mañana siguiente, me presenté en la Oficina del Asesor Legal de la Casa Blanca. A diferencia de mi entrevista anterior, esta oficina bullía de actividad. Segundos después de que me mostraran un escritorio vacío, un hombre bien vestido y de expresión seria se sentó y me preguntó: "¿Por qué usted quiere servir al presidente de los Estados Unidos?".

Sin vacilar, respondí: "Representar a los veteranos de nuestra nación, a la comunidad hispana en el continente y al pueblo de Puerto Rico en los más altos niveles del Gobierno sería un tremendo logro personal. También sería una gran oportunidad para generar un impacto positivo".

Sin perder un segundo, él continuó: "¿Hay algo en su vida personal y profesional que pudiera avergonzar al presidente?". Lo pensé mucho, y no se me ocurrió nada. Le contesté: "Señor, no se me ocurre nada en mi vida personal y profesional que pueda avergonzar al presidente".

Siguió con una serie de preguntas rápidas sobre mis comienzos en Puerto Rico, mi vida personal y mi carrera profesional. A veces era difícil mantener la concentración y responder con rapidez.

Después de dos horas de preguntas, yo estaba casi agotado. Recibí una carpeta con información y múltiples formularios para llenar. Una vez más, me dijeron que no le divulgara a nadie mis entrevistas en la Casa Blanca.

Cuando llegué a mi casa, me desplomé en el sofá y, mientras me tomaba una copa de vino tinto, repasé la carpeta. Los formularios me resultaban extraños y engorrosos de llenar. Tenía cinco días para completar y devolver los formularios médicos, los de autorización financiera y los de consentimiento, muchos de los cuales me obligaban a ponerme en contacto con viejos amigos en Puerto Rico y antiguos colegas en el continente.

Me puse manos a la obra sabiendo que, después de terminar y enviar el papeleo, llevaría tiempo —tal vez semanas— en saber si me habían seleccionado. Si el presidente no me nominaba, seguiría trabajando en EDS. Si decidía nominarme, habría varios pasos más.

Estos son los pasos usuales:

- En primer lugar, el presidente presenta la nominación al Senado.

- A continuación, se remite al comité con jurisdicción sobre el puesto (en mi caso, el VA) para que celebre audiencias de confirmación con el fin de examinar al candidato.

- Tras las audiencias, el comité vota.

- Si la nominación se aprueba, el Senado vota para confirmarla o rechazarla.

- Por último, una vez que el Senado confirma al candidato, este jura su cargo.

Como no estaba autorizado a divulgar que me estaban considerando para un puesto en el equipo del Presidente Bush, tuve que buscar una razón para solicitar la información requerida a viejos amigos de Puerto Rico y antiguos colegas sin levantar sospechas.

Después de pensarlo un poco, les dije que mi trabajo en el sector privado requería una nueva autorización de seguridad gubernamental. Como parte de ese proceso, tenía que proporcionar una lista de referencias personales con su información de contacto. También les advertí que no se preocuparan si el FBI se ponía en contacto con ellos para pedirles información adicional sobre mí, porque todo formaba parte del proceso de renovación de la autorización de seguridad.

Un par de días después, sonó el teléfono de mi casa. La persona que llamaba se identificó como una agente del FBI. Con los nervios a flor de piel, pregunté amablemente: "¿En qué puedo servirle?". Me dijo: "Soy la agente asignada a su investigación y quiero tener una entrevista con usted lo antes posible".

La agente me dio a elegir entre entrevistarme en mi casa o en otro lugar. Sugerí que nos reuniéramos la mañana siguiente en una cafetería de Falls Church, Virginia, a veinte minutos de mi casa. Ella aceptó.

Salí de casa temprano, teniendo en cuenta los posibles retrasos del tráfico, y llegué a las 7:30 de la mañana. Había una escuela cerca de la cafetería, y los estudiantes entraban a comprar el desayuno. Pedí un café y me senté cerca del mostrador.

De seguro me distraje, porque no me di cuenta de que una mujer joven, vestida con un traje de negocios, caminaba hacia mí. Cuando se detuvo frente a mi mesa, me preguntó: "¿Es usted el Dr. Lozada?".

Cuando le contesté que sí, metió la mano en el bolso y me mostró rápidamente su identificación del FBI. Continuó: "Soy agente del FBI, y estoy aquí para entrevistarlo".

Me levanté de un salto para darle la mano y me sorprendió lo joven que era. Parecía una estudiante de las muchas que estaban en la cafetería, quizá por eso no me di cuenta de que se acercaba a mi mesa. Me recomendó que nos fuéramos a un lugar más apartado y lejos de los clientes. ¡Acepté!

Cuando ocupamos nuestros asientos nuevos, comenzó con la entrevista.

—Tengo varias preguntas que hacerle, y algunas van a ser muy personales. ¿Le parece bien?

—Sí, señora. Responderé a todas las preguntas como mejor sepa y pueda.

—Mis preguntas son el comienzo de la investigación formal antes de ser nominado para un alto cargo en el Gobierno federal. La investigación también incluirá entrevistas con personas que lo conocen desde hace muchos años.

Durante la hora siguiente, me bombardeó con múltiples preguntas relámpago: desde mis primeros años en Puerto Rico hasta mi reciente trabajo en EDS. Algunas de las preguntas eran de carácter muy personal, otras empezaban con la frase: "¿Alguna vez usted ha...?". Agradecí a Dios que nos habíamos alejado de otros clientes.

LOS MEDIOS DE COMUNICACIÓN

Todavía estaba llenando los formularios requeridos cuando recibí una llamada telefónica inesperada de una periodista del periódico puertorriqueño *El Nuevo Día*. ¡Me quedé asombrado! Aparte de mi mamá, no le había confiado a nadie acerca de mis entrevistas.

La reportera no perdió tiempo: "Dr. Lozada, soy periodista de *El Nuevo Día*. Nos hemos enterado de que usted ha sido entrevistado por la Casa Blanca para un trabajo en la Administración del Presidente Bush".

Tratando de no mostrar mi sorpresa, respondí: "Lo siento mucho, no puedo negar ni confirmar que fui entrevistado por la Casa Blanca". Sin inmutarse, ella me preguntó si la llamaría cuando estuviera autorizado a hacerlo. Acepté, pensando que estar abierto a los medios de comunicación era una buena práctica.

Al día siguiente, le mencioné la llamada de la periodista a mi mamá. Ella me regañó por no ayudarla. Preocupada por la posibilidad de que la periodista perdiera su trabajo por no cumplir con su encomienda, mi mamá me hizo prometer que me pondría en contacto con ella en cuanto me autorizaran a hacerlo.

MÁS ENTREVISTAS

Como parte del proceso de mi nombramiento, tuve que entrevistarme con el equipo de transición del VA. Uno de sus miembros conocía muy bien el Senado y estaba familiarizado con Puerto Rico por las visitas que había hecho a la antigua

Estación Naval de Roosevelt Roads. El segundo miembro había trabajado, durante muchos años, en la Oficina de Asesoría Legal de la VACO.

Durante la entrevista, me hicieron preguntas sobre mis antecedentes, mi motivación para ocupar un alto cargo en el VA y mi conocimiento de lo que me esperaba en el proceso de nominación. Me dieron consejos para la audiencia en el Senado, el protocolo para responder a las preguntas y las palabras que debería evitar.

Los entrevistadores eran sinceros y amigables, lo que me ayudó a relajarme. La información que me proporcionaron fue inestimable. Yo era nuevo en este ambiente y nunca había testificado ante el Congreso de los Estados Unidos.

A medida que avanzaba la entrevista, me sentía cada vez más cómodo y relajado. Cuando la conversación llegaba a su fin, el entrevistador principal se levantó bruscamente y dijo: "Dr. Lozada, vamos a conocer al secretario".

Animado por la oportunidad de conocer al líder máximo del VA, lo seguí rápidamente hasta uno de los ascensores principales. En la décima planta, pasamos por delante de varias fotos de gran tamaño colgadas en la pared. Representaban a algunos de nuestros veteranos, así como algunos de nuestros cementerios nacionales, incluido el de Normandía, Francia. Al entrar en la oficina del secretario, me fijé en una pequeña ventana con una vista despejada de la Casa Blanca. ¡Era una vista preciosa! Frente a su escritorio había varias sillas cómodas dispuestas alrededor de una mesa de caoba con un arreglo floral de rosas rojas y blancas.

Mi acompañante me presentó:

> Señor secretario, el Dr. Jake Lozada es un coronel retirado del Ejército que trabaja como consultor en el sector privado. Ha sido enviado por la Casa Blanca como posible candidato a subsecretario de Recursos

Humanos y Administración. Creemos que sería una gran incorporación a su equipo.

El secretario me dio la bienvenida. Invitándome a sentarme, me preguntó: "¿Por qué quiere este puesto?". Respondí:

Como veterano con veintisiete años de servicio militar, no habría mejor trabajo que servir a mis compañeros veteranos. Además, mi experiencia en el sector privado podría ser valiosa para el VA. El Presidente Bush ha demostrado una gran afinidad hacia la comunidad hispana, y representarla, en los más altos niveles del Gobierno federal, sería un gran honor.

El secretario y yo repasamos algunos de los retos a los que se enfrentaban los veteranos y el VA. Escuché con atención su versión de lo que me esperaba durante las audiencias de confirmación en el Senado. Cuando mencioné mi trabajo de consultoría en Latinoamérica y mis múltiples viajes a la Argentina, inclinó la cabeza y mantuvo un contacto visual constante. Hablamos de nuestras experiencias con la Argentina, la mía como consultor y la suya como el lugar de nacimiento de su padre.

Yo sabía que el tiempo del secretario era muy valioso, así que, tras intercambiar un par de anécdotas más, le pedí que me disculpara. Nos volvimos a dar la mano y, al salir de su despacho, me deseó mucha suerte.

Le pregunté a mi acompañante si tenía alguna otra pregunta o instrucciones que darme. Al no oír ninguna, salí rápidamente hacia la estación del metro.

El tren de la línea naranja, con destino a Viena, se detuvo lentamente. Entré y empecé a reflexionar sobre los increíbles acontecimientos de los dos días anteriores. Me sentía seguro de mi entrevista con el equipo de transición del VA y de mi visita improvisada al secretario. La reunión imprevista sugería que había causado una buena impresión. Eso reforzó mi confianza.

Me sentía más seguro de mis probabilidades en el proceso de nominación.

La espera es dura

Los días siguientes se hicieron interminables, con los nervios a flor de piel cada vez que sonaba el teléfono. Mientras esperaba noticias de la Oficina de Personal Presidencial o del equipo de transición del VA, asistí a un acto patrocinado por la Asociación Nacional para la Igualdad de Oportunidades en la Enseñanza Superior (NAFEO, por sus siglas en inglés). En el almuerzo, entablé conversación con otro puertorriqueño. Durante nuestra conversación, destaqué mis viajes por América Latina y mi pasión por orientar y motivar a los jóvenes hispanos. Para mi sorpresa, él ocupaba un alto cargo en la organización de recursos humanos del VA y estaba esperando noticias sobre quién sería su próximo jefe.

Me reí por dentro. Todavía estaba obligado por la directiva de la Casa Blanca a no revelar que me habían entrevistado para el puesto más alto de Recursos Humanos en el VA, así que, con la cara más sincera que pude poner, le dije: "No se preocupe; las cosas en el Gobierno se demoran. Espero que pronto se entere".

Al terminar el almuerzo, me estrechó la mano y me dijo: "Dr. Lozada, me ha encantado hablar con usted. Admiro su pasión y energía, así como su compromiso con nuestra juventud. Espero que volvamos a vernos".

Le devolví el cálido apretón de manos y el elogio, añadiendo: "Usted también debe sentirse orgulloso del trabajo que realiza en el VA y de su compromiso con nuestra comunidad. Estoy seguro de que volveremos a vernos pronto".

El lunes 25 de abril de 2001, el *U. S. Newswire* anunció mi nominación por el presidente como subsecretario del Departamento de Asuntos de los Veteranos para Recursos Humanos y Administración.[1] Se me permitió conceder entrevistas a los medios de comunicación e, inmediatamente, llamé a la reportera de *El Nuevo Día*. Le sorprendió mucho mi llamada. Al contarle la conversación que yo había tenido con mi mamá, me dijo: "Ahora yo sé con quién tengo que hablar para conseguir una entrevista con usted". Nos echamos a reír.

El 2 de mayo de 2001, *El Nuevo Día* también anunció mi nominación.[2] El artículo señalaba que yo era oriundo de San Lorenzo, aunque residía en Virginia.

Los anuncios públicos de mi nominación no me tomaron por sorpresa. La Casa Blanca ya me había informado (antes de que esta se hiciera pública) de que el proceso de investigación de mis antecedentes iba muy bien y que el presidente tenía la intención de nominarme.

CAPÍTULO 8

MI AUDIENCIA DE CONFIRMACIÓN EN EL SENADO

E L 9 DE MAYO DE 2001, RECIBÍ UNA CARTA DEL SENADO EN la que se me comunicaba que el Comité de Asuntos de los Veteranos había programado una audiencia sobre mi nominación. La carta me invitaba a testificar en la audiencia que se celebraría el 16 de mayo a las 9:30 de la mañana en la sala SR-418 del edificio Russell del Senado.[1]

Dos días más tarde, el 11 de mayo, me incorporé a la VACO en calidad de asesor/consejero. La Casa Blanca permitía a los jefes de departamentos y agencias a incorporar a sus organizaciones a personas que posiblemente recibirían un nombramiento presidencial como asesores o consejeros del secretario.[2] Me alegró que me asignaran una oficina privada en la VACO, ya que me permitía prepararme mejor para la audiencia de confirmación.

La audiencia de confirmación requería una enorme preparación. Tuve que repasar y memorizar una cantidad increíble de información.

Me sorprendió gratamente la cálida acogida de los empleados del VA y su disposición para ayudarme en la preparación. Me proporcionaron todo lo que necesitaba: documentos internos, políticas del departamento y organigramas. También investigaron múltiples temas y obtuvieron información adicional para mi revisión. Su apoyo y compromiso con mi éxito durante la audiencia fueron un verdadero testimonio de su enfoque no partidista hacia los nuevos altos cargos políticos. Siempre les estaré agradecido por ello y por todas las atenciones que me dispensaron. Durante ese tiempo, seguí recibiendo asesoramiento de los miembros de la Oficina de Transición del VA. Repasaron algunas de las preguntas que podría hacer el comité del Senado y subrayaron la importancia de responder a los senadores con un "Si me confirman..." o "Si me honran con su confirmación..." como muestra de deferencia. Yo tenía que entregar 100 copias de mi testimonio a la comisión cuarenta y ocho horas antes de la audiencia. Como éramos cinco candidatos, tenía que limitar mi declaración oral a tres minutos.

También recibí un memorándum del asistente adjunto del presidente para la Oficina de Asuntos Legislativos y Senado en el que me felicitaba por haber sido seleccionado por el Presidente Bush para el puesto de subsecretario del VA. El memorándum incluía más papeleo: una explicación del proceso de confirmación del Senado, instrucciones sobre cómo proceder y biografías de los senadores que formaban parte del comité.[3]

Trabajé con frenesí para llenar los formularios que me dieron el FBI y la Oficina de Ética. Había que finalizarlos y devolverlos lo antes posible a la Oficina del Asesor Legal de la Casa Blanca. La investigación del FBI y de la Oficina de Ética duraría entre treinta y cuarenta y cinco días, por lo que me animaron a programar visitas de cortesía con miembros del Comité de Asuntos de los Veteranos del Senado. Inmediatamente me puse manos a la obra para llenar los formularios y concertar citas.

ENTRANDO EN MI ZONA DE CONFORT

Aunque no era obligatorio, solicité una visita a las oficinas del Senado para familiarizarme con la sala de audiencias y poder entrar en mi "zona de confort" durante la audiencia. Cuando entré en la sala, me fijé en una mesa de testigos y una silla en el centro. En la mesa había tres bombillas (verde, ámbar y roja). La luz verde significaba que el testigo tenía cinco minutos para hablar; la luz ámbar, que solo quedaba un minuto, y la roja, que el testigo debía concluir su respuesta.

Detrás de la mesa había varias filas de sillas orientadas hacia los senadores. Le pregunté a mi acompañante los nombres de los miembros de la comisión que asistirían, dónde se sentarían y quién más estaría en la sala. Me enteré de que habría representantes de las Organizaciones de Servicios para los Veteranos (VSO), personal de la VACO y miembros del personal del Congreso. También me enteré de que yo podía invitar a dos personas.

Me senté en la mesa de los testigos, cerré los ojos e intenté visualizarme delante de los senadores pronunciando mi discurso de apertura y respondiendo a sus preguntas. Cuando abrí los ojos, miré a las sillas vacías detrás de mí e intenté visualizar a los invitados sentados. Tras pasar entre quince y veinte minutos familiarizándome con la sala, salí con los hombros relajados y confiado. Me sentía seguro de mí mismo.

Respondiendo a los senadores

El 16 de mayo, los otros cuatro candidatos y yo nos presentamos en el edificio Russell para la audiencia. Entramos juntos a la sala. No obstante, antes de sentarme en la primera fila, observé mi entorno y saludé a algunos miembros del público. A las 2:30 de la tarde, el presidente de la comisión, el Senador Specter, de Pensilvania, con su habitual voz atronadora, abrió la audiencia señalando que se celebraba de forma acelerada debido a la importancia de confirmar a los directivos del VA. A continuación, llamó a los cinco testigos, uno por uno.

Cuando llegó mi turno, me dirigí a la mesa de los testigos. Aquellos pocos pasos parecieron durar minutos en lugar de segundos. Me senté, miré al público detrás de mí y vi algunas caras familiares sonrientes y radiantes. Cuando me enfrenté a las intimidantes luces verde, ámbar y roja, me invadió una sensación de paz. Entré en mi zona de confort, y se calmaron mis nervios. El Senador Specter me pidió que me pusiera de pie y levantara la mano derecha para prestar juramento. Tras este ceremonial, leí mi declaración de tres minutos.

Senador Specter, Senador Rockefeller y miembros de la comisión, es para mí un gran honor y un privilegio comparecer hoy ante ustedes como candidato del Presidente Bush para el puesto de subsecretario de Recursos Humanos y Administración del Departamento de Asuntos de los Veteranos.

En caso de ser confirmado, me sentiré profundamente honrado por esta oportunidad de servir a la nación y a nuestros veteranos, que tan valientemente se han sacrificado. Me gustaría expresar mi agradecimiento al secretario del Departamento de Asuntos de los Veteranos por su apoyo a mi nominación. También me gustaría dar las gracias a mi familia por su apoyo a lo largo de toda mi carrera profesional.

El Departamento de Asuntos de los Veteranos se enfrenta a muchos de los mismos retos en materia de recursos humanos a los que se enfrentan la mayoría de los organismos gubernamentales.

Estos retos son el resultado del envejecimiento del personal, la competencia por los recursos humanos en una economía próspera y la necesidad de que las organizaciones establecidas se transformen en organizaciones de aprendizaje permanente y de alto rendimiento. Podemos hacer frente a estos retos trabajando juntos y contando con el firme apoyo y la participación del Congreso, las organizaciones de servicios a los veteranos y nuestros empleados.

Debemos centrar nuestros esfuerzos en desarrollar estrategias innovadoras de recursos humanos que apoyen plenamente la misión del Departamento de Asuntos de los Veteranos, en mejorar la calidad y el acceso al servicio, y en apoyar los objetivos estratégicos que el secretario del departamento ha definido.

Los recursos humanos constituyen el elemento más importante de cualquier organización. No son un costo de la actividad empresarial, sino un activo valioso que hay que cuidar. El Departamento de Asuntos de los Veteranos puede ser un líder en la contratación, desarrollo y mantenimiento de recursos humanos altamente motivados. Quiero formar parte de este apasionante viaje y, si se me confirma, prometo dedicar mis esfuerzos y aplicar mi experiencia para lograr esta visión.

Si me honran con su confirmación, aportaré a este puesto veintisiete años de experiencia como oficial comisionado en el Departamento Médico del Ejército, junto a siete años como consultor en grandes empresas del sector privado.

Durante mi carrera militar, tuve la oportunidad de dirigir organizaciones sometidas a cambios radicales; gestionar la estructura de las fuerzas, la asignación de personal y la dotación de personal; formar y desarrollar al personal, y mantener equipos de alto rendimiento. A lo largo de mi permanencia en el sector privado, desarrollé programas de recursos humanos para grandes organizaciones y dirigí el desarrollo de capacidades innovadoras de formación y gestión del conocimiento en apoyo de los programas de recursos humanos.

Senador Specter, consideraría un honor trabajar con usted, con otros miembros del comité y con su personal para afrontar los retos en materia de recursos humanos del Departamento de Asuntos de los Veteranos. Sería un honor seguir sirviendo a los veteranos de nuestra nación. Me encantaría responder a cualquier pregunta que usted y los otros miembros del comité puedan tener. Gracias.[4]

El Senador Rockefeller, de Virginia Occidental, centró sus preguntas en la relación entre el VA y el Departamento de Defensa. Tras asegurarle mi intención de trabajar para que ambas partes salieran ganando, terminó su intervención diciéndome: "Es muy importante que aprovechemos lo que tenemos al máximo, y creo que usted lo entiende muy bien. Deseo trabajar con usted".[5]

Como era su costumbre, el Senador Specter tenía una larga lista de preguntas de seguimiento. Me pidió que entregara mis respuestas antes de la mañana del 21 de mayo (dos días laborables después de la audiencia). También encargó a cada uno de los candidatos a presentar un informe, en un plazo de sesenta días, en el que se expusieran los diez desafíos clave a los que se enfrentaba el VA.

Cuando se levantó la sesión, dejé escapar un suspiro de alivio y miré al público. Los que me conocían sonrieron. Al salir de la sala de reuniones, estrechando la mano de mis amigos, miembros del personal del VA y representantes de algunas VSO, muchos comentaron lo cómodo que me veía y lo rápido que había respondido a las preguntas de los senadores. Sus elogios me llenaron de humildad. Tras una breve recepción para los candidatos en el Club del Ejército y la Marina (Army and Navy Club), regresé a mi oficina en la VACO y empecé a trabajar en las preguntas del Senador Specter.

¡CONFIRMADO POR UNANIMIDAD!

Yo estaba revisando y volviendo a revisar mis correos electrónicos cuando, en la mañana del 24 de mayo, recibí un breve memorándum en el que se me informaba que el Comité de Asuntos de los Veteranos del Senado se reuniría a las 3 de la tarde para proveer información sobre mi nombramiento.

A las 4 de la tarde, ¡la oficina del secretario me llamó inesperadamente para informarme que el Senado acababa de confirmarme por unanimidad! Tenía que presentarme inmediatamente en la secretaría para prestar juramento. En el Gobierno federal, para que un funcionario tome posesión de su cargo, primero debe prestar juramento. Corrí al décimo piso y a la oficina del secretario. Cuando llegué, me esperaban la jefe del Gabinete (Chief of Staff) del VA y el consejero legal. Tras las felicitaciones de rigor, el jefe del Gabinete trajo una Biblia y me pidió que pusiera la mano izquierda sobre ella mientras levantaba la derecha. El consejero legal leyó el juramento del cargo, y yo repetí después de él:

Yo, Jacob Lozada, juro solemnemente que apoyaré y defenderé la Constitución de los Estados Unidos contra todos los enemigos, extranjeros y nacionales; que guardaré verdadera fe y lealtad a ella; que asumo esta obligación libremente, sin ninguna reserva mental ni propósito de evasión, y que cumpliré bien y fielmente los deberes del cargo que estoy a punto de asumir. Así me ayude Dios.

Después de prestar juramento, un cálido resplandor de emoción se expandió por todo mi cuerpo. Era el final de un proceso largo, arduo y a veces frustrante. Ser nominado por el presidente nunca estuvo en mis planes profesionales, pero fue una verdadera bendición y una recompensa a mis esfuerzos de toda la vida. También fue una oportunidad para ser un modelo e inspirar a otros.

ORGULLO EN LA ISLA

La noticia de mi confirmación corrió deprisa. Mi mamá me llamó porque la Oficina de la Gobernadora de Puerto Rico la había llamado para felicitarla por mi nombramiento. Nunca olvidaré su alegría. Le entró un mal de risa y me dijo: "Ahora soy una persona muy importante, así que será mejor que tú y tus hermanos me traten como es debido". Después de asegurarle que ella siempre había sido la persona más importante y respetada de nuestras vidas, ambos nos echamos a reír.

Varios días después, recibí una carta personal de la gobernadora de Puerto Rico en la que me felicitaba. También me pedía que hiciera extensiva la felicitación a toda mi familia. Sobre mi nombramiento, dijo: "El triunfo de un puertorriqueño llena de tremendo orgullo a los que han nacido en esta querida isla".[6]

Varias publicaciones en el continente, así como medios de comunicación de Puerto Rico, destacaron mi confirmación y nombramiento. El lunes 4 de junio, el periódico *El Nuevo Día* anunció mi confirmación en el Senado.[7] Muchos de mis antiguos colegas y amigos también expresaron sus felicitaciones.

Uno de los reconocimientos más conmovedores y significativos fue una carta de la iglesia de mi mamá en la que sus miembros expresaban el gran orgullo y la satisfacción que sentían por el nombramiento de uno de sus hijos, y antiguo miembro, para un cargo tan prestigioso. La mayoría de los miembros de la iglesia eran personas humildes que me conocían desde mi infancia. Fue muy conmovedor conocer el orgullo que sentían por mi nombramiento.

Las cartas de reconocimiento y los artículos me llenaron de humildad. Cuando los leí, experimenté una mezcla de emociones, orgullo y sensación de logro. Al mismo tiempo, sentí una ligera vergüenza e incomodidad por ser reconocido en público.

¡CELEBRACIÓN!

Tras mi juramento, me puse en contacto con la Oficina de Protocolo de la VACO para que me ayudaran a organizar una ceremonia más grande y formal en el prestigioso Club del Ejército y la Marina (Army and Navy Club). Deseaba invitar a mi familia, los altos ejecutivos de la VACO y mis antiguos colegas. La ceremonia se celebró durante la mañana del 4 de junio de 2001. Comenzó con el juramento de lealtad a la bandera de los Estados Unidos, la entonación del himno nacional por una empleada de la VACO y la invocación por la directora del Servicio Nacional de Capellanes del VA. Mi mamá, mi hermano mayor y su esposa, mi hija, y el alcalde de San Lorenzo viajaron a Washington D. C. para asistir al acto. Su presencia añadió un toque hogareño a la ceremonia formal.

Habló el General de División Enrique Méndez. Él había sido mi mentor y amigo durante muchos años. Concluyó dirigiéndose a mi mamá en español:

> Doña Cuquín, yo sé lo orgullosa que se siente usted hoy por el logro de su hijo. Pero también sé que ese logro es también suyo por los valores y la enseñanza que usted le inculcó a Jake y a sus otros hijos durante su formación. Yo conozco el inmenso cariño, respeto y admiración que su hijo tiene por usted, así que mi felicitación amigable y sincera de hoy va no solo a Jake, sino en particular a usted, doña Cuquín. ¡Bienvenida a Washington!

Al finalizar sus amables palabras, no quedaba un ojo seco en la sala.

Tras las palabras del General Méndez, el secretario del VA volvió a tomarme el juramento. Esta vez, mi mamá sostuvo la Biblia. Contar con la presencia de mi mamá en la ceremonia fue una experiencia extraordinaria.

Imagen 28. La mamá del autor sostiene su Biblia mientras él presta juramento como subsecretario de Recursos Humanos y Administración.

Tras el juramento, fue una alegría estrechar la mano de tantas personas influyentes de mi pasado: El Teniente General James Peake (Corea), el Coronel (retirado) Jack Danielson (Hospital General de Valley Forge) y el Teniente Coronel (retirado) Glenn Makela (Fort Detrick). Además, había personal de la Casa Blanca, miembros del personal de la Administración de Asuntos Federales de Puerto Rico (PRFAA, por sus siglas en inglés), el alcalde de San Lorenzo, varios miembros del personal del Senado de los Estados Unidos y otros con cargos políticos del VA.

Imagen 29. El autor con su mamá y su hija, Valerie, en el Club del Ejército y la Marina en Washington D. C., durante su ceremonia oficial de juramentación.

Una vez terminadas las festividades, disfruté toda la tarde con mi familia. Había organizado unas visitas guiadas a la Casa Blanca y al Capitolio que le gustaron mucho a mi mamá. Por la noche, disfrutamos de una agradable cena en mi casa y relatamos los acontecimientos del día. A la mañana siguiente, desayunamos juntos antes de despedirnos.

Al otro día, llegaba la hora de ponerme a trabajar.

CAPÍTULO 9

AL SERVICIO DEL PRESIDENTE

M I OFICINA ESTABA SITUADA EN LA SEGUNDA PLANTA del edificio de la VACO, con vistas a la plaza Lafayette (Lafayette Square), y frente a la avenida Pennsylvania y la Casa Blanca. Yo supervisaba seis organizaciones: la Administración de Recursos Humanos; Diversidad e Igualdad de Oportunidades en el Empleo; la Administración de la VACO; Seguridad; Relaciones Laborales, y la Oficina de Gestión de Resoluciones. Ser miembro del subgabinete del presidente era un entorno completamente distinto. En el sector privado, el apoyo administrativo era escaso. Los ejecutivos que yo conocía solo tenían un asistente administrativo. Sin embargo, en mi nuevo puesto, mi personal más cercano estaba formado por un subsecretario adjunto (DAS, por sus siglas en inglés), un asistente ejecutivo y una auxiliar administrativa. Mi DAS tenía muchos años de experiencia en el VA y conocía prácticamente a todo el mundo en la VACO. Actuaba en mi nombre cuando yo estaba ausente.

Mi asistente ejecutivo era un joven bien vestido y puntual que mantenía mi agenda al día. Coordinaba mis viajes, corregía mis discursos y presentaciones, y me seguía a todas partes para asegurarse de que llegara puntualmente a mis citas. También supervisaba los numerosos trámites administrativos que llegaban a mi oficina para mi aprobación.

Mi asistente administrativa era una mujer amable y desenvuelta. Atendía la mayoría de las llamadas telefónicas y trabajaba en estrecha colaboración con mi asistente ejecutivo para completar las acciones administrativas a tiempo. Poco después de asumir mi nuevo cargo, mi oficina recibió múltiples llamadas de veteranos hispanos y de organizaciones nacionales de servicio a los hispanos. Como muchos de estos interlocutores solo hablaban español y ninguno de mis asistentes lo hacía, me asignaron otra auxiliar administrativa bilingüe.

Obtener opiniones de mis subordinados siempre fue importante para mí, así que todos los meses organizaba un "Café con el subsecretario". Compraba café y confituras, utilizando mis fondos personales para evitar contratiempos. Uno de mis asistentes seleccionaba al azar a los empleados que debían asistir. En estas reuniones, yo animaba a los empleados a hacer preguntas y compartir sus preocupaciones.

Desde el principio, estas reuniones resultaron muy útiles. Durante el primer desayuno, disipé un rumor sobre una reducción del personal en todo el VA. Gracias a estos desayunos, aprendí mucho acerca de mis empleados.

Más contactos

Un día recibí una invitación de un antiguo colega del Ejército que trabajaba como *senior staffer* en el Congreso. Hacía más de quince años que no nos veíamos, así que fue emocionante reencontrarnos. Después de compartir algunas anécdotas, me felicitó por mi nombramiento presidencial. Él tenía muchas ideas sobre el VA y no tardó en compartirlas.

Aunque no le había pedido su opinión, lo escuché atentamente y aprecié sus recomendaciones. Él había trabajado en el Congreso durante varios años y conocía muy bien los problemas del VA. Enumeró algunos de los problemas en el área de los recursos humanos. También insistió en algo que yo ya sabía: que el sistema de concesión de bonificaciones a los altos ejecutivos del VA estaba roto y había sido objeto de numerosas críticas.

Dijo que el VA "posee una cultura generalizada de concesión de buenas evaluaciones de rendimiento y bonificaciones a sus ejecutivos. El sistema de evaluación del rendimiento en el VA está roto: las bonificaciones y premios que se conceden a los ejecutivos no se basan en resultados". También mencionó que el Congreso de los Estados Unidos estaba evaluando la situación.

Al final de nuestra conversación, le agradecí su aporte. Cuando me levantaba para marcharme, me dijo: "Jake, déjame darte un consejo. No confíes en nadie, quiero decir *en nadie*".

Le estreché la mano y salí de su oficina. Mientras me dirigía a mi propia oficina en la VACO, sus palabras no dejaban de resonar en mi cabeza. Siempre he creído en la bondad de las personas, y la desconfianza no formaba parte de mi ADN.

Puentes y prioridades

Una parte importante de mi trabajo consistía en reunirme con las VSO, y recibir sus ideas y comentarios. Eran organizaciones clave para los veteranos y podían ayudarme a avanzar mis prioridades para abordar los retos de la gestión de recursos humanos en el VA. Algunos miembros antiguos de estas organizaciones trabajaban en el VA, sirviendo de puente de enlace entre nosotros y sus organizaciones.

Imagen 30. El autor con su hijo, Jason, en la Oficina Central del Departamento de Asuntos de los Veteranos, con la Casa Blanca al fondo.

Crear alianzas con organizaciones hispanas nos beneficiaría a todos, así que invité a varios líderes a una reunión introductoria. Sin embargo, cuando celebré mi primera reunión, me dejaron claro que ellos conocían el número de hispanos que trabajaban en el VA. No solo conocían esa cifra, sino que la utilizarían como un barómetro para juzgar mi rendimiento.

Molesto, pero en un tono cuidadosamente controlado, les dije:

> ¿Ustedes me están diciendo que me criticarán abiertamente y denunciarán al VA si no cumplo con su cuota de empleados hispanos? ¿Cómo ayuda eso a nuestra comunidad? ¿Cómo ayuda al VA? ¿Y cómo me ayuda a mí a apoyar a los veteranos de nuestra nación?

Estos líderes no entendían que yo no había sido nombrado solamente para ser un defensor de los asuntos hispanos.

Desafortunadamente, el VA (como muchas organizaciones del Gobierno federal) era una burocracia atrincherada, difícil de cambiar y lenta para adaptarse a un mundo que cambiaba rápidamente. Para complicar aún más las cosas, el departamento estaba sometido a la vigilancia constante de numerosas partes interesadas, y los altos ejecutivos de carrera ejercían mucha influencia y poder.

En el sector privado, la toma de decisiones era rápida, el cambio era la "nueva normalidad", y los reajustes organizativos eran fáciles de aplicar. Enseguida me di cuenta de que, para un líder como yo, adaptarse a la cultura del Gobierno federal iba a ser todo un reto.

Ser un agente de cambio en el Gobierno no era fácil. Cada vez que se proponía un cambio, se corría la voz con rapidez, y la burocracia daba vueltas para retrasarlo, ofuscarlo y, a menudo, bloquearlo. Para algunos altos ejecutivos, sus ambiciones personales eran más importantes que el éxito de la organización.

La resistencia al cambio parecía ser mayor y más rápida cuando los cambios eran sugeridos e introducidos por altos ejecutivos políticos a los que algunos consideraban una "ayuda temporal", como era mi caso. En una ocasión, un miembro de mi equipo de trabajo me dijo:

> Dr. Lozada, los ejecutivos en su puesto solo están aquí de dos a cuatro años. Nuestros ejecutivos de carrera le sobrevivirán. En vez de preocuparse por hacer cambios, ¿por qué no disfruta de las ventajas y beneficios de su puesto por el momento?

Innovación

A pesar de su sugerencia y de la oposición imperante a la innovación, luché por el cambio e introduje varios programas innovadores. Uno de ellos fue el Grupo de Trabajo de la Juventud, una iniciativa que respondía al envejecimiento de los empleados y a la lucha por atraer a los jóvenes. La iniciativa reunió a un selecto grupo de empleados jóvenes en la VACO para responder a dos preguntas: ¿qué los llevó al VA? y ¿qué los haría quedarse? Utilizamos sus ideas para el mercadeo, reclutamiento y establecimiento de programas para mejorar la retención de los empleados. Cuando sus ideas se lanzaron, algunos de los empleados más veteranos se opusieron, pero yo apoyé los planes de estos jóvenes para afrontar el reto. Con el tiempo, los empleados más veteranos vieron las ventajas de escuchar a los empleados más jóvenes, quienes, eventualmente, heredarían el departamento.

Otro programa que necesitaba innovación era el de las pasantías para estudiantes. Este programa promocionaba el departamento a los jóvenes estudiantes. También pretendía motivarlos hacia el servicio público. Existían varios de estos programas en el VA, pero con varios defectos: eran caros, no estaban orientados a resultados (es decir, el éxito no se basaba en el interés demostrado por los estudiantes hacia trabajar en el VA) y solo se dirigían a estudiantes universitarios. Me pregunté si un programa dirigido a estudiantes más jóvenes daría mejores resultados.

Le pedí a mi personal que ideara un nuevo programa dirigido a estudiantes de escuela superior (escuela secundaria), y crearon el Programa de Empleo y Enriquecimiento de Verano para ponerlo en marcha en San Antonio, Texas. A diferencia de otros programas de pasantías, este se centraba en el desarrollo de tutorías individualizadas, la enseñanza de rutinas positivas y la motivación de los estudiantes para buscar oportunidades de empleo en el Gobierno federal.

El plan de estudios incluía temas como gestión financiera, deudas de tarjetas de crédito, fijación de objetivos y destrezas de comunicación. Nos asociamos con las escuelas locales para difundir el programa, identificar a los participantes y proporcionarles transporte. Como resultado, pudimos llevar hasta las sedes del programa a 53 estudiantes, de edades comprendidas entre los dieciséis y los dieciocho años, procedentes de familias con carencias económicas.

La mayoría de estos jóvenes hispanos tenían ingresos bajos y pocas posibilidades de asistir a la universidad o incluso terminar la escuela superior. El programa los preparó para tener éxito en ambas cosas. También los introdujo a las carreras disponibles en el Gobierno federal. Todos los estudiantes lo completaron. Una de las asistentes, hablando en voz baja y emocionada, dijo: "Adquirí tanta experiencia trabajando en el Hospital de Veteranos que mi autoestima aumentó. Me veo utilizando destrezas laborales que ni siquiera sabía que tenía".[1] Durante la ceremonia de graduación, los padres sonreían de orgullo cuando sus hijos recibían sus diplomas.

Tras el éxito del programa en San Antonio, mi personal creó una Academia Profesional para Estudiantes en Baltimore, Maryland, en colaboración con los Centros de Servicios de Medicare y Medicaid y las escuelas públicas de la ciudad. El programa ofrecía tutorías y el desarrollo del liderazgo. La academia abrió sus puertas, en septiembre de 2002, a 50 estudiantes desfavorecidos económicamente y pertenecientes a grupos minoritarios. Todos ellos podían optar por empleos de verano remunerados por el Gobierno federal.

El incesante flujo de tareas en el VA continuó, y pronto llegó el momento de seleccionar ejecutivos para que recibieran bonificaciones por su rendimiento. Mientras reflexionaba sobre cómo proceder, las críticas al sistema de bonificaciones a ejecutivos del VA no abandonaban mi mente. Tras muchas discusiones con mi personal, establecí un sistema como el que se utilizaba en el Ejército para seleccionar a los oficiales para un ascenso.

Yo había formado parte de un par de comités de selección para ascensos en el Departamento Médico del Ejército y estaba familiarizado con el proceso. El sistema consideraba a todos los que eran elegibles. Los oficiales conocían los criterios de selección, por lo que dependía del individuo prepararse y cumplir las normas del Ejército para ascender. Y, lo que era más importante, la selección se basaba en resultados: en los informes de eficiencia de los oficiales.

El primer paso en el nuevo proceso de selección fue actualizar los criterios para reducir los sesgos. A continuación, seleccionamos un equipo evaluador, y elaboramos hojas de puntuación y procedimientos. Yo quería evaluaciones justas, más transparentes y que redujeran los votos por popularidad. También quería que las selecciones se basaran en resultados mensurables, es decir, resultados específicos y cuantificables obtenidos gracias a su rendimiento laboral.

El sistema que implanté era más formal que el existente, pero la adaptación fue rápida y el proceso se desarrolló sin problemas. Publicamos los resultados y nos alegramos de que ni el Congreso ni las partes interesadas se quejaron.

Ojalá el sistema que desarrollé hubiera permanecido en el VA, porque los escándalos de las bonificaciones a los ejecutivos regresaron en futuras Administraciones. En 2007, cuatro años después de que yo dejara mi puesto en el VA, el Subcomité de Supervisión e Investigaciones del Comité de Asuntos de los Veteranos de la Cámara de Representantes celebró una audiencia sobre las bonificaciones a los altos ejecutivos del VA. Había motivos de preocupación.

Según el presidente del comité:

El VA pagaba el promedio de bonificaciones más alto de todos los organismos del Gobierno. En 2006, el 87 % de los ejecutivos que fueron considerados para recibir bonificaciones recibieron una. La VACO pagaba un promedio de 4,000 dólares más que las oficinas exteriores. Especialmente en la VACO, parecía existir un caso exagerado del síndrome del lago Wobegon. No solo todos estaban por encima del promedio, sino que casi todos eran sobresalientes. Al parecer, la evaluación del personal de la VACO estaba basada en justificaciones redactadas por los propios empleados, sin que interviniera ningún criterio objetivo en el proceso. De hecho, parecía que los bonos en la VACO se concedían principalmente en función de la antigüedad y la proximidad al secretario.[2]

IMPUGNANDO AFIRMACIONES

Impugnar todas las afirmaciones fue algo que aprendí al principio de mi carrera militar. Puse en práctica esa máxima cuando un miembro de mi organización me informó de la inminente caída del sistema electrónico de nóminas de la VACO. Según sus palabras, el sistema estaba "sujeto con alfileres", y la persona que lo gestionaba estaba enferma. Como resultado, los empleados de la VACO no podrían recibir sus cheques a tiempo. Algo en la historia no me cuadraba bien, así que planeé un viaje secreto a Austin, Texas (en donde se mantenía el sistema electrónico de nóminas), para evaluar la situación.

Cuando llegué, reuní al personal de nóminas en una sala de conferencias y les conté los rumores que había oído. El director me aseguró que el sistema andaba bien. Le pregunté por su salud y, entre carcajadas, me dijo que estaba "en perfecto estado de salud" y me prometió que todos en la VACO cobrarían a tiempo.

Seguimos utilizando el sistema de nóminas y no experimentamos ningún fallo o mal funcionamiento. Al parecer, alguien había convencido a uno de mis empleados de que la VACO necesitaba adquirir un nuevo sistema de nóminas. Si yo no hubiera cuestionado la afirmación de mi empleado, habríamos gastado millones de dólares en sustituir un sistema que funcionaba bien.

En la VACO, a menudo actué como el punto de contacto principal en asuntos relacionados con Puerto Rico y las Islas Vírgenes. En 2001, acompañé al secretario a Puerto Rico, Santo

Tomás y Santa Cruz para visitar las instalaciones del VA y tratar los asuntos que afectaban a los veteranos.

Durante este viaje, descubrimos que el Hospital de Veteranos en San Juan necesitaba varias mejoras. El VA solo disponía de 50 millones de dólares para mejorar una parte de las instalaciones. Para mí, tenía más sentido adquirir terrenos y construir un nuevo hospital, así que empecé a buscar opciones.

Durante mi siguiente visita a Puerto Rico, visité la Base Naval de Sabana Seca. La base, cuyo cierre estaba previsto, incluía terrenos más que suficientes para construir un hospital nuevo y estaba a solo 16 kilómetros del Hospital de Veteranos existente. Había tanto espacio que también podrían abrirse un nuevo cementerio, una residencia de ancianos y una oficina para la Administración de Beneficios para los Veteranos. De este modo, todos los beneficios y servicios que ofrecía el VA para Puerto Rico y las Islas Vírgenes estarían en un solo lugar. También podríamos construir un Centro de Operaciones de Emergencia para Puerto Rico y el Caribe en el hospital nuevo.

Llevé la idea a las oficinas de la VACO. Tras muchos análisis, el costo alto hizo inviable el proyecto. Aunque no se construyó un hospital nuevo, mi intervención fue el catalizador para que el VA construyera posteriormente una torre administrativa nueva y le hiciera mejoras a la infraestructura del hospital en San Juan.

UN DÍA TRISTE

Mis esfuerzos en el VA se vieron interrumpidos el 21 de julio de 2001, cuando me encontraba en el aeropuerto de Dulles de camino a visitar a mi mamá. Antes de partir, recibí una llamada angustiada de mi hermano en Puerto Rico. Me dijo que, tras sentirse enferma, habían llevado a mi mamá al hospital, donde había fallecido.

Me tapé los oídos con las manos y cerré los ojos. ¡No podía creerlo! Había hablado con ella la noche anterior, y parecía feliz, rodeada de un grupo de damas de su iglesia cantando himnos religiosos viejos. Me había dicho que esperaba mi visita con anticipación. Yo estaba tan desolado por la noticia que el vuelo a Puerto Rico me pareció una eternidad. Llegué a mi pueblo natal hacia el mediodía, y mi hermano mayor me estaba esperando. Juntos hicimos los preparativos para el funeral con la ayuda de un amigo de la familia que dirigía una funeraria. Mi hermano pequeño voló desde Milwaukee, Wisconsin, al día siguiente, y todos planeamos un funeral que se celebraría en la iglesia de mi mamá.

Los días se me hacían interminables y no podía dormir. Mi mamá era el ancla de nuestra familia y alguien en quien siempre me había apoyado para recibir soporte y ánimo.

Nunca olvidaré a la gente entrando silenciosamente en la iglesia, parándose a estrecharnos la mano o a darnos un abrazo, y permitiéndonos compartir nuestro dolor con ellos. Algunos eran miembros de la iglesia y nos conocían de cuando éramos niños y asistíamos a su Escuela Bíblica dominical. Otros eran amigos de mi juventud. Aunque la ocasión fue extremadamente solemne y triste, renové muchas viejas amistades.

Al día siguiente del funeral de mi mamá, regresé a mi oficina en la VACO. Volver al trabajo fue un reto emocional. Tuve que tratar de procesar la pérdida mientras intentaba restablecer mi rutina en el trabajo. Pocos días después, recibí una carta de condolencia del Presidente Bush. La carta me levantó el ánimo y fue una fuente inesperada de consuelo.[3]

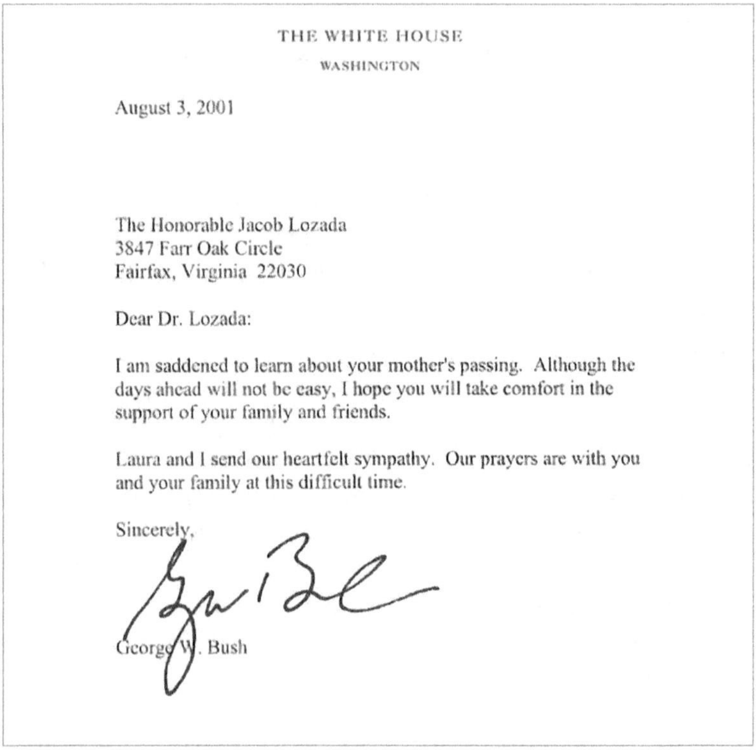

THE WHITE HOUSE
WASHINGTON

August 3, 2001

The Honorable Jacob Lozada
3847 Farr Oak Circle
Fairfax, Virginia 22030

Dear Dr. Lozada:

I am saddened to learn about your mother's passing. Although the days ahead will not be easy, I hope you will take comfort in the support of your family and friends.

Laura and I send our heartfelt sympathy. Our prayers are with you and your family at this difficult time.

Sincerely,

George W. Bush

Imagen 31. Carta de condolencia del Presidente George W. Bush.

CONMOCIÓN Y HORROR

El 1 de agosto, el presidente me nombró miembro del Grupo de Trabajo sobre el Estatus de Puerto Rico.[4] Como territorio estadounidense, Puerto Rico estaba sujeto a las leyes de los Estados Unidos, aunque también ejercía autonomía sobre cuestiones locales. El propósito del grupo de trabajo era ofrecer al presidente opciones con respecto al estatus político de la isla.

El 11 de septiembre de 2001, me encontraba con miembros del equipo de ejecutivos del VA en una conferencia en San Diego. Durante uno de nuestros descansos, vi por televisión el impacto de dos aviones contra las Torres Gemelas. Abrí la boca con incredulidad, pero no hablé, ¡estaba confundido por lo que estaba viendo!

No supe lo que estaba ocurriendo hasta que oí los informes de otros dos aviones secuestrados que se dirigían a la capital de la nación. Intenté utilizar mi teléfono móvil, pero estaba parcialmente deshabilitado; fue imposible comunicarme con mi familia o mi personal en la VACO. Sabía que mi familia en Puerto Rico vería las noticias y se preocuparía. Ellos sabían que mi oficina estaba muy cerca de la Casa Blanca y no podían ponerse en contacto conmigo para saber cómo estaba yo.

Mientras veía las noticias, miles de personas caminaban aturdidas por las calles de Washington D. C. En medio de sentimientos de consternación, tristeza y rabia, sentí un profundo sentido de propósito y deber para con nuestra nación, lo que me motivó a seguir contribuyendo ante la tragedia y a ayudar a los afectados.

Los que estábamos en San Diego intentamos regresar rápidamente a Washington D. C., aunque fue en vano. Solicitamos vuelos militares, pero se habían reducido mucho en todo el país. Algunos ejecutivos del VA alquilaron autos y condujeron. Llegaron a Washington D. C. dos días después. Otros, como yo, decidimos quedarnos en el hotel y esperar.

Tras dos días de espera, encontré un número limitado de vuelos comerciales; sin embargo, me llevó todo el día y múltiples escalas regresar a mi casa. Cuando llegué, aunque estaba agotado física y emocionalmente, por fin pude llamar a mi familia e informarles que estaba bien.

Al día siguiente, cuando llegué a mi oficina, mis empleados estaban más callados, ya nadie hablaba despreocupadamente de sus planes para el fin de semana.

Pocos días después, el secretario me designó para dirigir los esfuerzos de la VACO para recaudar fondos para las víctimas del 11 de Septiembre. Trabajando a un ritmo febril, planifiqué el proyecto "Día de Donaciones del VA" (VA Day of Giving), que recaudó 316,252 dólares en beneficio de las víctimas y sus familiares.

El 11 de Septiembre destrozó la sensación de seguridad de la nación. Para coordinar mejor los esfuerzos de seguridad del Gobierno federal, se creó el Departamento de Seguridad Nacional. Se aplicaron medidas de seguridad aeroportuaria más estrictas y se impartió entrenamiento para garantizar que los organismos gubernamentales pudieran desempeñar sus funciones esenciales durante las emergencias.

El Gobierno federal también adoptó medidas de seguridad adicionales, exigiendo que todas las personas mostraran una identificación válida y se registraran antes de entrar a los edificios gubernamentales. Algunos organismos distribuyeron paquetes con material de emergencia, los cuales debían guardarse cerca de los escritorios. Otros organizaron simulacros que incluían medidas de "refugio en el lugar". El VA estableció una organización para gestionar la seguridad y la preparación en general.

HONOR

En noviembre, el Gobierno de Puerto Rico me invitó a un acto de homenaje póstumo a cuatro militares puertorriqueños que habían recibido la Medalla de Honor del Congreso. Durante ese acto, me reconocieron con una proclama de la Cámara de Representantes en la que se destacaba mi carrera. Me encantó compartir ese reconocimiento con mi familia, mis amigos y las VSO.

Imagen 32. El autor con algunos líderes de las Organizaciones de Servicios a los Veteranos de Puerto Rico y miembros de la Cámara de Representantes, durante el homenaje a los cuatro militares puertorriqueños galardonados con la Medalla de Honor del Congreso.

Durante este viaje, una reportera de televisión me recibió en el aeropuerto con preguntas sobre el Hospital de Veteranos en San Juan. Aunque me sorprendió —no sabía cómo se había enterado de que yo viajaba a Puerto Rico—, respondí a todas sus preguntas antes de toparme con dos agentes de seguridad del VA que se identificaron como mi equipo de seguridad personal.

Nunca había necesitado un equipo de seguridad, pero ellos insistieron y me llevaron hacia un vehículo del Gobierno en lugar de un taxi normal. Me transportaron a casa de mi hermano con escolta policial y sirenas. Cuando entramos en su calle, vi que él y su esposa salían corriendo para averiguar la causa del alboroto. Cuando las motoras (motocicletas) y nuestro vehículo se detuvieron delante de ellos, varios vecinos salieron corriendo para averiguar qué pasaba. Tardé un rato en explicar el motivo de la escolta policial. No me sentía cómodo teniendo un destacamento de seguridad. Me parecía excesivo, pero agradecí el apoyo y la dedicación de los agentes.

Al día siguiente, en la recepción en el Capitolio, mi equipo de la VACO colocó una exposición de fotos de los puertorriqueños condecorados con la Medalla de Honor del Congreso. En cada foto, se enumeraban sus actos de heroísmo. Ser reconocido junto a esos héroes fue una lección de humildad.

Mientras estuve en Puerto Rico, viajé a Humacao para asistir a otro acto gubernamental en reconocimiento a los veteranos locales. Asistieron cientos de veteranos y pronuncié un breve discurso en nombre del Presidente Bush.

Muchos eventos

Durante mi mandato en el VA, participé en muchos actos oficiales y visité la Casa Blanca en varias ocasiones.

De los muchos actos a los que asistí, se destacan algunos:

- Participación como orador invitado en la celebración del 4 de julio de 2002, en San Juan y transmisión de un mensaje del Presidente Bush.

- Desayuno en la Casa Blanca con el secretario del Departamento de la Vivienda y Desarrollo Urbano, Mel Martínez, y el *ayudante adjunto del presidente*, Rubén Barrales.

- Recepción en el Edificio Ronald Reagan y el Centro de Comercio Internacional, donde conocí al Secretario de Estado Colin Powell (una eminencia).

- Recepción en la Casa Blanca para honrar a los veteranos de nuestra nación y conocer al ex-Senador Bob Dole.

- Recepción en la Casa Blanca, en la cual conocí al Secretario de Defensa Donald H. Rumsfeld.

Imagen 33. El autor con el Senador Bob Dole, en la Casa Blanca.

Los acontecimientos más memorables, sin embargo, incluyeron al Presidente Bush.

Fue muy especial estar presente cuando el presidente reunió a su equipo de trabajo (el Gabinete y los miembros del Subgabinete) en el Edificio Ronald Reagan en Washington D. C. El presidente compartió lo que ya se había logrado, así como sus objetivos y expectativas para el futuro.

Mientras todos fijaban sus ojos en el presidente, este se inclinó hacia nosotros y dijo:

> Hemos venido a Washington para fijarnos grandes objetivos, objetivos que dejarán una huella indeleble en el país cuando nos marchemos. Creo que es importante que, al poner en práctica nuestros objetivos, los miembros de esta Administración estén dispuestos a desafiar el *statu quo*.
>
> Una de las cosas que tenemos que hacer es centrarnos en los resultados. Así que vamos a liderar, vamos a conseguir resultados y vamos a hacer una cosa

más: vamos a hacer que los estadounidenses se sientan orgullosos de lo que ven.[5]

Las palabras del presidente sobre desafiar el *statu quo*, dejar una huella indeleble y centrarse en los resultados me inspiraron.

Tras las palabras del presidente, el Vicepresidente Cheney, los Secretarios Powell y Martínez, y la Gobernadora Whitman se dirigieron a los asistentes. Estar entre los líderes de la nación fue emocionante.

Ver al Presidente Bush firmar la Ley 1696 de la Cámara de Representantes para acelerar la construcción del Monumento Conmemorativo de la Segunda Guerra Mundial en el Distrito de Columbia también fue especial. Estuve en el Cementerio Nacional de Arlington el Día de los Caídos, cuando él depositó una corona de flores en la Tumba del Soldado Desconocido.

Imagen 34. Presenciando la firma del Presidente Bush de la ley para la construcción del Monumento Conmemorativo a la Segunda Guerra Mundial en la Casa Blanca.

También asistí a una recepción en la Casa Blanca en honor al profesor Jaime Escalante, un *profesor* boliviano-americano que enseñaba Cálculo a alumnos de alto rendimiento de un barrio hispano pobre del este de Los Ángeles. Durante este acto, mantuve una breve conversación con el presidente. Temiendo que mi emoción me traicionara, elegí cuidadosamente mis palabras. Tener la atención del presidente durante unos instantes fue una experiencia indescriptible. Atesoro una foto tomada con el Presidente Bush durante nuestra conversación.

Imagen 35. El autor con el Presidente George W. Bush, en la Casa Blanca.

DOS AÑOS

La mayoría de los funcionarios de alto nivel nominados por el presidente pasan entre dos y cuatro años en su puesto. Estos puestos son extremadamente exigentes: las jornadas son largas, y las presiones, incesantes. Algunos prestan servicio para disfrutar de las ventajas asociadas a estos puestos, mejorar sus posibilidades de conseguir un buen trabajo en el sector privado o como punto de partida para trasladarse a un puesto de carrera en el Gobierno federal. Otros son nombrados por apoyar la campaña presidencial.

Sin embargo, la mayoría de los que yo conocí queríamos marcar la diferencia, devolverle algo a la nación y mejorar el Gobierno federal. Consideré un gran honor formar parte del equipo del presidente, apoyar a nuestros veteranos y contribuir a mejorar el VA. Nunca tuve la intención de convertirme en un empleado federal de carrera, ni quería utilizar mi puesto para "rellenar mi currículum".

Entre mis muchos logros durante los dos años que trabajé en el VA, algunos de los que más me enorgullecen son los siguientes:

- Lograr la puntuación más alta (verde) en la gestión del capital humano en el marco de la agenda de gestión del presidente. Esta agenda era una estrategia para mejorar la gestión y el rendimiento del Gobierno federal. Lograr una puntuación verde en la gestión del capital humano fue un gran reto. Gracias a los esfuerzos de mi equipo, la Oficina de Gestión de Personal del Gobierno (OPM, por sus siglas en inglés) destacó al VA por sus prometedoras prácticas en materia de capital humano.

- Crear un nuevo sistema de bonificaciones para ejecutivos. El sistema no recibió quejas ni del Congreso ni de las partes interesadas. El sistema existente había sido fuente de considerables críticas. El VA, según sus críticos, "sufría de una cultura generalizada de concesión de buenas evaluaciones de rendimiento y bonificaciones a sus ejecutivos".

- Cancelar el proyecto derrochador Human Resources Links (HRLinks). El VA había desarrollado un sistema electrónico de gestión de recursos humanos muy polémico que no había dado los resultados deseados. Aunque se habían gastado muchos millones de dólares, el HRLinks no contaba con el beneplácito de la mayoría de los dirigentes del VA y, en concreto, de la Administración de Salud de los Veteranos (VHA, por sus siglas en inglés).

• Crear un comité de jóvenes para responder al reto del envejecimiento de los empleados.

• Crear dos innovadores programas de pasantías para jóvenes desfavorecidos en San Antonio y Baltimore.

• Representar al Presidente Bush en diversos actos en Puerto Rico y en el continente.

Yo disfrutaba de los retos en el VA y de la oportunidad de servir a los veteranos de nuestra nación. Sin embargo, tras dos años de trabajo altamente intenso, el ambiente se volvió tóxico. Mis planes bien pensados para modernizar y reorganizar la gestión de recursos humanos no consiguieron la tracción y el apoyo necesarios. También me di cuenta de que "hacer lo correcto" no era una prioridad; mantener el *statu quo* y proteger los feudos burocráticos era más importante.

Así que, en febrero de 2003, preparé una breve carta de renuncia en la que le agradecía al presidente por la oportunidad de servir en el VA. Después de firmarla, reuní a mi equipo de trabajo para darles la noticia. Cuando les informé de mi decisión, se quedaron en silencio. Les conté nuestros logros y les agradecí su apoyo.

Cuando el subsecretario del VA se enteró de mi renuncia, me ofreció un puesto de asesor "sénior" en la OPM. Le dije que consideraría la oferta.

RECONOCIMIENTO

Una semana antes de dejar el VA, el secretario anunció una ceremonia de despedida para mí en el Centro de Conferencias de la VACO. Agradecí el gesto, porque otros altos ejecutivos habían terminado sus labores en el VA sin una ceremonia de este tipo.

El día del acto, el secretario, el subsecretario, altos ejecutivos del VA, mi personal, representantes de las VSO y muchos empleados de la VACO estaban presentes. La presencia de tanta gente para honrarme fue una experiencia grata. Al entrar al Centro de Conferencias, un alto ejecutivo me estrechó la mano y me dijo: "Dr. Lozada, gracias por su servicio en el VA. Usted siempre se distinguió por hacer lo correcto".

Durante la ceremonia, el secretario me entregó una bandera con el escudo de armas del VA y cuatro estrellas, símbolo de mi rango como subsecretario. Esa bandera había estado expuesta en mi oficina desde mi toma de posesión.

Antes de que la ceremonia finalizara, el secretario me hizo entrega del máximo galardón que concede el VA: el Premio al Servicio Excepcional del Departamento de Asuntos de los Veteranos (Department of Veterans Affairs Exceptional Service Award). El premio me cogió por sorpresa porque, normalmente, se le concedía al ejecutivo tras jubilarse o luego de muchos años de servicio; yo solo llevaba dos años en el VA.

Imagen 36. El autor recibe el Premio al Servicio Excepcional del VA y la bandera durante su ceremonia de despedida.

Aquel día, experimenté una mezcla de emociones: gratitud extrema al presidente por haberme dado la oportunidad única en la vida de formar parte de su equipo y reconocimiento a las personas que me apoyaron y ayudaron. También recibí validación de que mi trabajo y mis capacidades eran reconocidos y valorados.

El 4 de febrero de 2003, recibí una carta de agradecimiento del jefe de Gabinete del Presidente. Me conmovió su gesto y generosidad.

CHIEF OF STAFF TO THE PRESIDENT
THE WHITE HOUSE

February 4, 2003

The Honorable Jacob Lozada
3847 Farr Oak Circle
Fairfax, VA 22030

Dear Jacob:

Thank you for your continued hard work and fine service as a key member of this Administration. Enclosed is a commemorative copy of the President's State of the Union Address, delivered to Congress on January 29, 2003. In it, the President outlines his agenda for the coming year and his vision for a better, safer, more compassionate America.

With the President's and the Vice President's leadership, and the hard work of a dedicated team, we will meet the goals outlined in this historic speech.

Sincerely,

Andrew H. Card, Jr.

Enclosure

Thank you!

Imagen 37. Carta de agradecimiento del jefe de Gabinete del Presidente Bush.

En esa etapa de mi carrera profesional, mis esfuerzos y los muchos sacrificios que yo había hecho desde mi infancia en Puerto Rico se vieron plenamente recompensados. Había alcanzado puestos altos de liderazgo como coronel en el Ejército, director y consultor gerente en dos consultoras del sector privado, y subsecretario nombrado por el presidente de los Estados Unidos y unánimemente confirmado por el Senado. Había llegado el momento de retribuir a través de otro sector: el sector sin ánimo de lucro.

Utilicé mi talento y experiencia al servicio de diversas organizaciones que me llegaron al corazón. Durante la segunda mitad de 2003, cofundé y me convertí en el primer presidente de la Asociación de Exalumnos y Amigos de la Universidad de Puerto Rico en el Exterior (UPRAA, por sus siglas en inglés). Desde su creación, esta asociación ha otorgado más de 300,000 dólares en becas a estudiantes universitarios con necesidades económicas.

En 2007, fui seleccionado miembro de la Junta de Directores de AARP (el primer puertorriqueño en recibir esa distinción) y, en 2008, comencé mi servicio en la junta directiva de la Orquesta Sinfónica y Coro del Grupo Médico Musical en Washington D. C.

En 2011, fui nombrado por el Presidente Barack Obama como miembro del Grupo Asesor sobre Prevención, Promoción de la Salud y Salud Pública e Integrativa.

En 2017, el gobernador de Puerto Rico me nombró miembro del Frente por Puerto Rico (un grupo de líderes puertorriqueños entre los que se encontraban exgobernadores) para abogar por la recuperación económica de la isla. Además, en 2018, fui elegido presidente del Comité de Supervisión de la Cooperativa Federal de Crédito Andrews (Andrews Federal Credit Union).

En 2020, un vecino me presentó a una dama nacida en Puerto Rico, pero criada en el continente. Ella trabajaba como asistente dental en su clínica dental en Fairfax, Virginia. Me dio su número de teléfono, y la llamé. Hablamos durante varias horas y descubrimos que nuestros valores, objetivos y creencias coincidían. Como a mí, a ella le gustaba viajar, las cenas tranquilas y el senderismo. La invité a cenar a un tranquilo y pintoresco restaurante español. Conectamos al instante y nos enamoramos. Nuestra cena se convirtió en una bonita relación romántica. Desde el principio, nos comunicamos bien y, rápidamente, creamos un alto nivel de confianza. A medida que nos íbamos conociendo, acordamos que nuestro objetivo común era construir una relación que nos aportara alegría, satisfacción y un sentimiento de compañerismo. Queríamos ser felices, disfrutar de la vida juntos y apoyarnos mutuamente. A medida que la relación se desarrollaba, pensamos en comprometernos el uno con el otro. Decidimos mudarnos a Austin, Texas, y casarnos. En este momento de mi vida, estoy muy feliz y agradecido de que Clary haya entrado en mi vida.

LECCIONES DE LA VIDA

A lo largo de mi vida, he aprendido muchas lecciones importantes que creo que son la clave del éxito. Las diez lecciones más valiosas que he aprendido son estas:

1. Desafía todas las afirmaciones.
2. Nunca asumas el papel de víctima.
3. Tu visión debe ser más fuerte que tu realidad actual.
4. La suerte favorece a la mente preparada.
5. Establece los estándares más altos para ti y para los demás.
6. Cultiva relaciones de tutoría.
7. En el 99 % de los casos, la cultura triunfa sobre la estrategia.
8. Sé todo lo que puedas ser.
9. Mantente anclado en tu pasado, valoriza tu crianza.
10. Nunca aceptes un no como respuesta. ¡PERSISTE!

Cuando salí de Puerto Rico —con veintidós años y ansioso por cumplir con mi obligación de dos años en el Ejército—, poco me imaginaba los retos a los que me enfrentaría y las oportunidades que se me presentarían. Por suerte, vivía en una nación llena de oportunidades. Una nación en la que alcanzar el sueño americano era, y sigue siendo, un objetivo alcanzable para aquellos que trabajan duro, establecen una visión sólida para sí mismos y perseveran. Una nación que brindó las oportunidades para que un chico humilde, nacido y criado en una vivienda pública en Puerto Rico, pudiera alcanzar sus sueños y aspiraciones, y triunfar.

SOBRE EL AUTOR

El Dr. Jacob Lozada es un hombre de fe que valora a Dios, su familia, su nación y sus amistades. Su mamá le inculcó la fe a una edad temprana. Ella también le infundió la importancia del carácter y los valores personales. Su papá, que siempre vio a los Estados Unidos como la nación más grande del mundo, inspiró el amor de Jacob por su nación. También le inculcó el amor al trabajo.

Entre sus muchos honores y reconocimientos, el Dr. Jacob Lozada ha sido perfilado por *Hispanic Business Magazine* como uno de los 100 hispanos más influyentes y por *National Journal* como uno de los decisores en Washington. También ha sido nombrado director del Consejo para la Excelencia en el Gobierno (Principal of the Council in Excellence in Government) y profesor adjunto de la Universidad George Washington.

Ha recibido la Mención Presidencial de la Liga de Ciudadanos Latinoamericanos Unidos (LULAC, por sus siglas en inglés); el

Premio del Fundador del American G. I. Forum; el Premio a los Alumnos Distinguidos de la Universidad de Puerto Rico en Humacao, y el Programa en Administración de Servicios de la Salud del Ejército y la Universidad de Baylor.

También le han otorgado una proclama especial del gobernador interino de Puerto Rico, Baltasar Corrada del Río, en reconocimiento a su jubilación del Ejército de los Estados Unidos; tres proclamas de la Cámara de Representantes y del Senado de Puerto Rico, y una proclama del alcalde de su ciudad natal, San Lorenzo, Puerto Rico, en reconocimiento a su servicio público.

Entre sus condecoraciones militares figuran la Legión al Mérito, seis Medallas al Mérito en el Servicio del Ejército, la Medalla al Mérito en el Servicio del Departamento de Defensa, dos Medallas de Reconocimiento del Ejército, la Orden al Mérito Médico Militar y la Insignia de Experto en Medicina de Campo.

A Jacob le apasiona ser modelo y mentor de jóvenes adultos. Ha ayudado a recaudar fondos para becas a estudiantes puertorriqueños y, durante varios años, financió una escuela de verano para estudiantes desfavorecidos en Humacao, Puerto Rico.

Viajar, hacer senderismo y ver los partidos de baloncesto de su nieto Luca se han convertido ahora en sus pasatiempos favoritos. En 2014, él y su hijo, Jason, completaron el Camino de Santiago en España (una peregrinación medieval de 114 kilómetros que comenzó hace más de 1,100 años). Más recientemente, recorrió a pie varias rutas en la Patagonia argentina y chilena.

Su hija, Valerie, vive en Colorado con su marido Steven. Su hijo, Jason, reside en Texas con su esposa Lili, y sus hijos Carlo y Luca. Mantiene una estrecha relación con sus hermanos y hermanastra: Juan Manuel, Elías y Carmen. Jacob reside en Austin, Texas, con su esposa Clary.

NOTAS FINALES

Notas a la Introducción

1. "Ellis Island Medals of Honor Yearbook," *Medal Yearbook* (Token Publishing Ltd., 2018), 1. ["Anuario de Medallas de Honor de Ellis Island," *Anuario de Medallas* (Token Publishing Ltd., 2018), 1].

Notas al Capítulo 2

1. General view of the bridge, the river, and an old segment of the San Lorenzo – Las Piedras highway from the north - Puente de La Marina, San Lorenzo-Florida & Cerro Gordo Neighborhoods, spanning Rio Grande de Loiza River at Narciso Varona-Suarez Street, San Lorenzo, San Lorenzo Municipio, PR Photos from Survey HAER PR-38. https://www.loc.gov/resource/hhh.pr1496.photos/?sp=1.

   [Vista general del Puente de La Marina, el río y un segmento de la carretera cruzando el Río Grande de Loíza en la calle Narciso Varona-Suárez, de San Lorenzo hacia Las Piedras y los Barrios Florida y Cerro Gordo, Fotos de la Encuesta HAER PR-38https://www.loc.gov/resource/hhh.pr1496.photos/?sp=1].

Notas al Capítulo 4

1. Department of the Army, DA Form 67-5, U.S. Army Officer Efficiency Report, February 2, 1967. [Departamento del Ejército, Formulario DA 67-5, Informe de Eficiencia de Oficiales del Ejército de los Estados Unidos, 2 de febrero de 1967].
2. Department of the Army, Headquarters, 2nd Battalion, The U.S. Army Medical Training Center, Fort Sam Houston Texas, Letter, August 2, 1968. [Departamento del Ejército, Cuartel General, 2.º Batallón, Centro de Entrenamiento Médico del Ejército, Fort Sam Houston Texas, Carta, 2 de agosto de 1968].
3. Department of the Army, Headquarters, Valley Forge General Hospital, Letter of Commendation, May 23, 1973. [Departamento del

Ejército, Cuartel General, Hospital General de Valley Forge, Carta de Elogio, 23 de mayo de 1973].

Notas al Capítulo 5

1. Department of the Army, DA Form 1059, Service School Academic Evaluation Report, September 26, 1978. [Departamento del Ejército, Formulario DA 1059, Informe de Evaluación Académica de la Escuela Militar, 26 de septiembre de 1978].

2. Order of Military Medical Merit, PO Box 340097, Fort Sam Houston, Texas, Letter, March 18, 1987. [Orden del Mérito Médico Militar, PO Box 340097, Fort Sam Houston, Texas, Carta, 18 de marzo de 1987].

3. Office of the Commandant, Academy of Health Sciences, Fort Sam Houston, Texas, Letter, May 3, 1989. [Oficina del Comandante, Academia de Ciencias de la Salud, Fort Sam Houston, Texas, Carta, 3 de mayo de 1989].

4. Commander 8th Personnel Command, ATTN: EAPC-PF-M APO SF 96301, Letter, September 6, 1989. [Comandante, 8.º Comando de Personal, ATTN: EAPC-PF-M APO SF 96301, Carta, 6 de septiembre de 1989].

5. Department of the Army, HQDA (DASG-MS) 5109 Leesburg Pike, Falls Church, VA 22041, Letter, September 15, 1989. [Departamento del Ejército, HQDA (DASG-MS) 5109 Leesburg Pike, Falls Church, VA 22041, Carta, 15 de septiembre de 1989].

Notas al Capítulo 7

1. U.S. Newswire, 202-347-2770/President to nominate Lozada and Scalia to Administration, April 25, 2001. [*U.S. Newswire*, 202-347-2770/Presidente a nominar a Lozada y Scalia a su Administración, 25 de abril de 2001].

2. Leonor Mulero, *El Nuevo Día*, Nomina George Bush a un puertorriqueño, 2 de mayo de 2001.

Notas al Capítulo 8

1. U.S. Senate Committee on Veterans Affairs, Washington, D. C. 20510, Letter, May 9, 2001. [Comité de Asuntos de los Veteranos del Senado de los Estados Unidos, Washington D. C. 20510, Carta, 9 de mayo de 2001].

2. The White House, Memorandum for Cabinet Members and Agency Heads, Subject: Employment Guidelines for Potential Appointees,

January 26, 2001. [La Casa Blanca, Memorándum para Miembros del Gabinete y Jefes de Agencias: Pautas para el Empleo de Nominados Potenciales, 26 de enero de 2001].

3. The White House, Washington, D. C., Memorandum from Deputy Assistant to the President for Legislative Affairs, May 11, 2001. [La Casa Blanca, Washington D. C., Memorándum del Asistente Adjunto del Presidente para Asuntos Legislativos, 11 de mayo de 2001].

4. Committee on Veterans Affairs, U.S. Senate Hearings on various Presidential nominations for the Department of Veterans Affairs, U.S. Senate, May 16, 2001. [Comité de Asuntos de los Veteranos, Audiencias del Senado de los Estados Unidos sobre diversas nominaciones presidenciales para el Departamento de Asuntos de los Veteranos, Senado de los Estados Unidos, 16 de mayo de 2001].

5. *Ibid.*

6. Sila M. Calderón, Gobernadora de Puerto Rico, Carta al autor, 4 de junio de 2001.

7. *El Nuevo Día*, "Satisfecha Sila por el nombramiento de Lozada", 6 de junio de 2001.

Notas al Capítulo 9

1. Ozzie García, Dallas Office of Public Affairs (OPA), *"Eager to learn – 53 Texas high school students got an introduction to public service and more this summer through an innovative program,"* p. 6. [Ozzie García, Oficina de Asuntos Públicos (OPA) de Dallas, *"Con ganas de aprender: 53 estudiantes de secundaria de Texas recibieron una introducción al servicio público y mucho más este verano a través de un programa innovador," p. 6].*

2. Committee on Veterans Affairs, U. S. House of Representatives, One Hundred Tenth Congress, First Session, *Senior Executive Bonuses: Ensuring the U. S. Department of Veterans Affairs Process Works*, Hearing before the Subcommittee on Oversight and Investigations U.S. Government Printing Office, Serial Number 110-26, June 12, 2007. [Comité de Asuntos de los Veteranos, Cámara de Representantes de los Estados Unidos, Centésimo Décimo Congreso, Primera Sesión, *Bonificaciones para altos ejecutivos: Garantizando que el funcionamiento de los procesos del Departamento de Asuntos de los Veteranos de los Estados Unidos funcione.* Audiencia ante el Subcomité de Supervisión e Investigaciones, Oficina de Imprenta del Gobierno de los Estados Unidos, número de serie 110-26, 12 de junio de 2007].

3. Presidente George W. Bush, Carta, 3 de agosto de 2001.

4. Mildred Rivera Marrero, "Ashcroft y Barrales a trabajar con el status," *El Nuevo Día*, 2 de agosto de 2001, p. 3.
5. https://georgewbush whitehouse.archives.gov/results/leadership/ feb13transcript.html. [Archivos de la Casa Blanca, gobierno/ resultados/liderazgo/feb13 transcripción.html].

AGRADECIMIENTOS

Estoy enormemente agradecido por el apoyo y el cariño que me han brindado, a lo largo de los años, los miembros de mi familia. Su lealtad y amor me han inspirado.

También estoy agradecido a mis maestros de la escuela pública de Puerto Rico y a mis mentores durante mi carrera en el Ejército. Me ayudaron a crecer como estudiante, oficial militar y líder. También me hicieron una mejor persona.

Me gustaría expresar mi gratitud a mis muchos amigos en Puerto Rico y el continente. También estoy endeudado con aquellos que me apoyaron en el sector privado, durante mi servicio como subsecretario del Departamento de Asuntos de los Veteranos (designado por el presidente de los Estados Unidos) y durante mi trabajo en organizaciones sin ánimo de lucro.

Por último, quiero dar las gracias a quienes me animaron a contar la historia de mi vida escribiendo este libro y me impulsaron a seguir escribiendo.